Christina-Maria Bammel

Und sie wunderten sich sehr

Weihnachten für Realisten

KREUZ

© KREUZ VERLAG
in der Verlag Herder GmbH, Freiburg im Breisgau 2011
Alle Rechte vorbehalten
www.kreuz-verlag.de

Umschlaggestaltung: agentur Idee
Umschlagmotiv: © Corbis
Autorenfoto: © Privat

Satz: de·te·pe, Aalen
Herstellung: fgb · freiburger graphische betriebe
www.fgb.de

Gedruckt auf umweltfreundlichem, chlorfrei gebleichtem Papier
Printed in Germany

ISBN 978-3-451-61024-0

Inhalt

Vorwort – eine Empfehlung zum Lesen   7

I Weihnachts(ver)stimmungen, oder: Warum es
diese Geschichten gibt   9

II Beziehungsgeschichten   14

Man kann noch ärmer dran sein als das Jesuskind   15
Du bist ihm ähnlicher, als du denkst   21
Eine Krüppelbäumchengeschichte   27
Telemann, oder: Dies ist der Tag ... danach   32
Annahme verweigert   36

III Geschenkt: Große Freude, die aller Welt
widerfahren wird!   41

IV Liebesgeschichten   47

Ein Christbaum im September   48
Nachkommen   57
Warten in Philadelphia   65
Das Ende von Weihnachten   72
Ein Hauch von Myrrhe   78

V Tatsächlich: Euch ist heute der Heiland geboren   92

VI Rettungsgeschichten   99

Heilige Nacht   100
Herztöne   107
Müde Gesellschaft   117
Die ich noch gestern war   122

Familienzusammenführung 131
Gepuppt und gewiegt 140

VII Noch mal auf Anfang: Weihnachten für Realisten 146

Anmerkungen 160

Vorwort – eine Empfehlung zum Lesen

Bücher kann man ja meist auf mindestens zwei Weisen lesen. Auch dieses. Wer hier und da eine Weihnachtsgeschichte für zwischendurch erfahren möchte, kann möglicherweise an fast jeder beliebigen Stelle mit dem Lesen einsetzen. So können die Alltagsgedanken vielleicht für einen Moment ausruhen und auf Abstand gebracht werden. Vielleicht tun sich Türen in verborgene Wirklichkeiten auf. Wirklichkeiten, die mitten in der Großstadt versteckt liegen.

Wer allerdings einen größeren weihnachtlichen Stadtspaziergang machen möchte, müsste wohl die Spanne einer Zeit vom Beginn bis zum Ende dieses Buches aufbringen. Denn genau das wollen die folgenden Seiten für Sie sein: ein weihnachtlicher Spaziergang durch die Großstadt.

Auf diesem Spaziergang faszinieren nicht die Schaufenster, Märkte und grundsanierten Straßenzüge. Auf diesem Spaziergang lassen sich Menschen treffen. Das Besondere an ihnen: Sie haben Zeit zum Erzählen. Und: Sie tragen in sich dieses mehr als zweitausend Jahre alte Gen der Weihnachtssehnsucht. Manche kämpfen – aus welchen Gründen auch immer – dagegen an. Andere freuen sich an ihr und wollen von dieser Freude etwas weitergeben. Die Dritten versuchen, vorsichtig und vielleicht das erste Mal für das Worte zu finden, was sie da an fast vergessener Sehnsucht in sich finden.

Menschen erzählen von ihren Beziehungen; sie erzählen davon, was sie in diesen Beziehungen verloren und vielleicht sogar wieder gefunden haben. Sie erzählen aber auch, wer oder was sie retten könnte und was sie wieder weitergehen lässt, wenn die Wege schlechter und die Herbergen unterwegs unfreundlicher geworden sind. Sie erzählen von liebevollen Begegnungen und dem Schmerz verlorener Liebe. Sie erzählen von Geschenken der besonderen Art, an denen manchmal das Maß der Liebe und manchmal das

Maß der abwesenden Liebe zu entdecken ist. Wenn sie zu Wort kommen, so lässt sich zwischen den Zeilen finden, was werden kann, wenn profane Zeiten heilige Zwischenräume zulassen.

Falls Sie jedoch über diese Geschichten von Liebe, Verlust, Rettung und Neuanfang hinaus wundersame Geschichten suchen, sind die Seiten dieses Buches wahrscheinlich nicht ganz der passende Ort.

Klar versucht das Erzählen, auch etwas Licht in die Frage der Wunder und Zeichen von Weihnachten zu werfen. Gern werden ja alle möglichen Wundergeschichten mehr oder weniger fantasievoll in der Weihnachtszeit platziert. Der Grund dafür liegt auf der Hand. Das Besondere, ja geradezu Magische dieser Zeit wird umso deutlicher auf die Bühne gehoben, je zauberhafter die Erzählungen sind.

Aber das ist nicht mein Weg. Porträts von Wundergläubigen habe ich nicht zu bieten. Denn die Städte des 21. Jahrhunderts eignen sich ebenso wenig für nachmoderne Märchenmirakel wie das Bethlehem damals zu Zeiten römischer Besatzung.

Suchen Sie nicht das Mirakel. Suchen Sie lieber Zeichen, die einen Hinweis geben auf das Weihnachtsgeheimnis, das Gegenwart bleiben will. Worin das besteht? Gott sucht die allergrößte Nähe bei den Menschen und macht dabei den unscheinbarsten Anfang.

Göttliches Ziel und Streben ist diese eine wahrhaftige Begegnung, die hält, was sie verspricht, die vielleicht jenseits aller Möglichkeiten des Denkens und Fühlens liegt, die aber dort beginnt, wo unser Denken und Fühlen Wahrhaftigkeit zumindest für möglich hält. Die Menschen dieses Buches sagen das auf andere Weise. Finden Sie heraus, wie.

Christina-Maria Bammel, Berlin im Mai 2011

I

Weihnachts(ver)stimmungen, oder: Warum es diese Geschichten überhaupt gibt

Es begab sich aber zu jener Zeit und es begibt sich auch zu unserer Zeit, dass am Ende des Kalenderjahres Weihnachten vorbereitet wird. Es weihnachtet: Straßen, Markt und Wohnzimmer versuchen, das Idyll vergangener Tage nachzuzeichnen, eine Erinnerung aus einem fernen Land zu erzeugen, ein altes Suchen nach vielleicht schon Verlorenem. Es beginnt die Zeit der vielen Taten, der Feiern, geboren aus reichlich gutem Willen, Einsamkeit, Familienchaos und Verhältnissen, die ins Leere laufen – eigentlich schon das ganze Jahr, aber an Weihnachten besonders. Je aktiver überall beschworen wird, hier käme gewissermaßen das Fest der seligen Passivität auf uns zu, desto schwieriger wird es, diese Passivität tatsächlich zuzulassen.

Es braucht nicht viel Scharfsinn, um festzustellen, dass das geradezu öffentlich gewordene Weihnachtsgefühl unserer Tage mitten in aller organisierten Festlichkeit kein religiöses Gefühl birgt. Wo es doch der Fall ist, geschieht es mitunter auf verborgene Weise. Auch wenn es an Weihnachten eigentlich darum geht, wie Gott seine Beziehung zu den Menschen neu bestimmt, dreht sich die Weihnachtserfahrung der allermeisten eher um die Frage, ob und wie Familien oder Freunde wieder zusammenkommen können. Insofern ist Weihnachten ein Fest, das an der Beziehungsfront, ja, gefeiert – oder eben oft eher ausgefochten wird.

Es stimmt, nicht zu selten macht Weihnachten die Beziehungen untereinander noch komplizierter. So die oft gehörte Erfahrung und das vielstimmig und zahlreich beklagte Weihnachtsresümee.

Als Pfarrerin stellt sich mir natürlich die Frage, ob es eine Brücke gibt zwischen diesem alle Jahre wieder enttäuschten Resümee von der Beziehungsfront hin zur Weihnachtsursprungsgeschichte, wie sie genauso zuverlässig alle Jahre wieder in den Kirchen erzählt wird: Gott wurde Kind. Gibt es einen Weg von uns zu dem Ereignis in Bethlehem, das in der Bibel als gewesen erzählt wird? Oder andersherum: Gibt es Wege, die von diesem Ereignis zu uns führen?

Immer wieder faszinierend ist die Rollenbesetzung der Weihnachtsgeschichte: Joseph, Maria, das Kind, die Hirten, die Engel, die Könige (oder Magier) aus dem Morgenland – die man nur im Matthäusevangelium findet – und selbst die Menschen, die gar nicht weiter beschrieben werden, von denen man nur erfährt, dass sie sich wundern über das, was die Hirten ihnen erzählen.

Vater, Mutter, Kind, um die sich alles dreht, stecken in einer Patchwork-Familie. Später wird sie »heilig« genannt werden. Dabei erzählt Lukas von einer minderjährigen Schwangeren, einem Kuckuckskind und seinem sozialen Vater, von verwirrenden politischen Verhältnissen und der Erfahrung der Ohnmacht einer Mittelstandsfamilie im Getriebe der Welt. Das ist eine Herausforderung für manchen, gewöhnt an die bürgerliche Ordentlichkeit.

Noch interessanter ist, wenn man sich klar macht, dass die biblischen Autoren nach Bildern für die Beziehung zwischen Gott und Mensch suchten, die sie offenbar fanden in den Beziehungen zwischen Menschen – und zwar weniger in den so genannten intakten Beziehungen als in denen, die etwas von der Gefährdung des Lebens erzählen.

Vielleicht ist das die Brücke vom alten Text in unsere Zeit. Was geschieht, wenn wir in der Weihnachtsgeschichte die

Beziehungsgeschichten hören – die alten und die neuen? Können sich die betagten Worte, und jene alten Beziehungen in ihnen, neu in ein gewöhnliches Leben einlesen? Darum geht es in diesem Buch. Es ist ein Versuch, den alten Text aus der Kirche heraus und in die Stadt hinein zu holen. Es ist der Versuch, Spuren des Poetischen in den Realitäten des Lebens so zu entdecken wie auch Spuren des Realen in der Poesie einfacher Worte – seien sie alt und damalig oder jung und heutig.

Darum schreiben die hier festgehaltenen Stadt- und Großstadtepisoden auf ihre mal traurige, mal unfreiwillig komische Art die Weihnachtsgeschichte weiter. Es sind wahre Geschichten, die sich im Pfarramtsalltag einstellen und so – oder so ähnlich – geschehen können.

Natürlich haben diese Begegnungen nachwirkend in meinem Herzen eine andere Gestalt gewonnen. Wer weiß schon, ob es »genau so« gewesen ist. Tatsachenberichte sind etwas anderes als die – wahren – Erzählungen dieser Menschen. »Wahr« – das ist mehr und anderes als die wirkliche Tatsache. Manchmal muss die Wirklichkeit der jeweiligen Tatsache neu erzählt werden, damit ihre Wahrheit erkennbar wird, das also, worauf man sich verlassen kann.

Warum habe ich ausgerechnet diese Geschichten gewählt, um das Weihnachtswunder zu begreifen? Geschichten vom Verlieren und Finden, von Trauer und Tod, aber auch von zaghafter Hoffnung, von vorsichtigen Neuanfängen, jenseits der Kitsch- und Sentimentalitätsgrenzen?

Es sind die Geschichten derer, die in die Gottesdienste kommen. Gerade zu Weihnachten. Mancher buckelt seine Geschichte, der andere trägt sie wie ein Schatzkästlein in der Manteltasche. All diese Menschen kommen mit großen Erwartungen, dass sie nämlich die Weihnachtsgeschichte hören, als ob sie gerade in ihrem eigenem Leben geschehen, also wirklich geworden sei. Das ist das eine.

Das andere ist klar: Jedes Menschenleben birgt Weihnachtsgeschichten – und zwar gerade in den Momenten, in denen das Leben am zerbrechlichsten erscheint. Dies gilt auch in umgekehrter Richtung: Die alte Weihnachtsgeschichte birgt die Lebensgeschichten von heute. Sie schimmern im Hintergrund der Erzählungen von damals, sie werden in ein anderes Licht gesetzt, wenn man sie mit den alten Texten ins Gespräch bringt. Darum soll es hier gehen.

Alle Geschichten, die hier erzählt werden, gehören zu den unzähligen Mosaiksteinchen der Geschichte zwischen Gott und Mensch. Die wird natürlich nicht nur an Weihnachten erzählt, aber da ganz besonders: als eine Geschichte etwa von der Dunkelheit, die durchbrochen werden kann, als eine Geschichte, die von einer Neubegegnung schreibt, oder als eine Geschichte, die erzählt, was Versöhnung bedeutet.

Kurzum: Geschichten, die Rettung und Liebe nicht als religiöse Romantik oder romantisch-überkommene Religiosität erkennen lassen, sondern als das, was sie sind – der Horizont, der weiter reicht als die »real« genannten Fakten.

Es mag gewagt sein, davon auszugehen, dass auch in 2000 Jahren noch Realisten und Träumer, sowohl vom Leben Versehrte als auch vom Leben Verwöhnte, etwas von der Verwunderung spüren – so wie die ersten Hörer damals in Bethlehem: »Und alle, vor die es kam, wunderten sich über das, was ihnen die Hirten gesagt hatten.« Die Nachricht vom neuen Anfang, dem Anfang eines Menschen, sie ruft Geschichten, Gefühle, Stimmungen auf.

Es gibt Menschen, die niemals damit fertig werden herauszufinden und auszuloten, wo sie in dieser Weihnachtsgeschichte ihren Platz haben. Und es gibt Menschen, die fragen nach der Wirklichkeit, die noch kommen soll, und den Möglichkeiten, die schon da sind, wenn es tatsächlich dabei bleibt, dass Gott in der Welt sein will. Anderen ist das gar keine Frage – und doch werden sie mit einem Mal davon eingeholt. Und wieder andere sind irgendwo dazwischen. Von solchen Menschen erzählt dieses Buch.

II
Beziehungsgeschichten

»Am Anfang war das Wort …« So beginnt der Prolog des Evangelisten Johannes, der in vielen Kirchen weltweit nicht nur zur Heiligen Nacht gehört wird. Mindestens ebenso häufig hören die abendlichen und vielen nächtlichen Besucher im Gottesdienst: »Als alles still war und ruhte und eben Mitternacht war, fuhr dein mächtiges Wort vom Himmel herab …«

In diesen Worten höre ich ein Zweites; vielleicht ist es das Eigentliche: Am Anfang war Beziehung, denn dafür stehen ja Worte und das Wort; und diese Beziehung wird immer wieder neu entdeckt, neu infrage gestellt, abermals ausprobiert, manchmal gefeiert, manchmal verhöhnt. Am Anfang aller Begegnung versucht einer, den Weg zum anderen zu finden. Ob dann die Brücke zwischen beiden tatsächlich trägt, hält und alle Beteiligten auch noch gemeinsam weiterbringt, bleibt die offene Frage. Nur der Anfang ist bekannt: Beziehung.

Am Anfang war ein Gott, der nicht relationslos bleiben wollte, sondern ein Beziehungsangebot wagte – sich selbst als hilfloses Kind.

Welcher Art sind die Beziehungsangebote, die wir machen oder die wir empfangen? Welcher Art waren die Beziehungen, die in unseren Lebensanfängen aufblühten oder vielleicht am Blühen gehindert wurden? Manch einem mag das Wort von der Beziehung zu technisch oder zu alltäglich klingen. An der Sache ändert es nichts: Indem wir auf einen anderen bezogen sind, sind wir menschlich, mag diese Bezogenheit glücken oder scheitern. Ganz so wie der biblische Gott des Alten und Neuen Testaments, der nichts anderes sein möchte als bezogen auf seine Schöpfung und die, die in ihr leben. Wie Beziehungen scheitern oder glücken, wie sie entstehen oder nie zustande kommen, davon erzählen die Menschen – Söhne, Töchter, Mütter – im Spiegel der einen Beziehung zwischen göttlichem Himmel und menschlicher Welt, deren Urdatum eine Geburtsgeschichte ist.

Man kann noch ärmer dran sein als das Jesuskind

Jakob zeugte Josef,
den Mann der Maria,
von der geboren ist Jesus,
der da heißt Christus.
Matthäus 1,6

Wir feiern Weihnachten auch mit unseren Toten. Wir feiern mit denen, die vorausgegangen sind, auch wenn wir sie vielleicht nie kennen gelernt haben. Der mir das erzählt, hat ein Leben lang versucht, ein Maß für die Weite dieses Weges zu seinen Toten zu finden. Es ist die Geschichte einer Sehnsucht. Diese Sehnsucht ist nicht immer gleich stark. Mal sind die, die fehlen, uns näher, mal ferner.

So beschreibt es jedenfalls der Mann, Ende 60, der sich heute wirklich und von Herzen darüber freut, dass sein eigener Sohn Elternzeit nimmt. Er freut sich, dass Vaterschaft so selbstverständlich sein kann. Wir schlendern gemeinsam durch den Park, mit dem ihn zahlreiche Kindheitserinnerungen verbinden. Er sieht noch die alte Ruinenlandschaft, die Schutthügel, in denen er gespielt hat. Damals.

Als er vor fast sieben Jahrzehnten zur Welt kam, so konnte ihm seine Mutter immer wieder neu erzählen, da fielen brennende Christbäume aus den Flugzeugen. So nannten die Leute die Leuchtmarkierungen der Bomberverbände – Christbäume, todbringende Christbäume. Die

Mutter spürte damals in solchen Bombennächten das Kind in sich wachsen, und sie ahnte wohl schon, dass sein Vater, der irgendwo an der Ostfront kämpfte, aus dem gnadenlosen Krieg nicht lebend zurückkehren würde. Auf diese Geschichte hatte sich das Erinnerungsvermögen der Mutter im Laufe der Jahre eingespielt. Die erzählte sie ihrem Sohn wieder und wieder.

Der Junge wuchs im Nachkriegsmangel auf. Der Vater war anwesend in Gestalt eines schwarz umrandeten Porträtfotos auf dem Küchenbuffet. Liebevoll wischte die Mutter den Staub darum herum, liebevoll wurden die Blumen aus dem Garten der Großmutter ausgesucht, wenn der Kalender Geburtstag oder Hochzeitstag anzeigte. Sie hatte nie wieder geheiratet.

An den Weihnachtstagen stand die Krippe, bestehend aus der geschnitzten Familie und einigen mit Wollresten beklebten Schäfchen, ganz nah beim Bild des Vaters. In der Kirche sangen sie: »Er kommt aus seines Vaters Schoß und wird ein Kindlein klein, er liegt dort elend nackt und bloß in einem Krippelein …«

Und der Junge spürte: Er selbst war noch ärmer dran als das Jesuskind. Denn er muss so gänzlich ohne einen Joseph, ohne den Vater, hier sitzen. Da hatte das kleine Christkind ihm wirklich etwas voraus. Es hatte ja gleich zwei Väter. Der Joseph auf dem Küchenbuffet schien alle Zeit der Welt zu haben, seinem Jungen beim Wachsen und Werden zuzusehen. Alle Geduld und aller Schmerz über das, was war und was – die Gesichtszüge lassen es schon ahnen – kommen wird, sind eingeschnitzt in die Züge des Josephgesichts.

Der halb verwaiste Junge kannte jeden Winkel in diesem Gesicht. Aber den eigenen Vater, den er so sehr entbehrte, den kannte er nicht. Er wusste nicht einmal, wer ihm eigentlich fehlte. Nur dass ihm jemand fehlte, war so klar wie der Glasrahmen mit dem Bild des Vaters. Die Erinnerungen der Mutter, die sie ihm immer und immer wieder erzählte, die er immer und immer wieder hören wollte, wurden zur standardisierten Geschichte. Sie waren die einzige Möglichkeit, den Vater und Ehemann gegenwärtig zu halten, und sei es auch nur in den immer wieder mit denselben Worten erzählten Szenen. Triviale Szenen aus dem Leben des nur kurz zusammengekommenen Paares. Neue konnte man sich ja schlecht ausdenken …

Aus dem Schuljungen wurde ein Konfirmand und später ein Student. In der stickigen Geistes-Enge der DDR eckte er an, flog Anfang der 60er Jahre von der Universität, suchte Schutz und Freiheit gleichermaßen in einem Seminar zur Ausbildung von Pfarrern und Pfarrerinnen. Nicht nur dort sehnte er sich in den schwärzesten und ohnmächtigsten Stunden immer wieder nach einem Vater, der ihm den Rücken gestärkt oder – ja – ihn vielleicht auch hier und da mal zur Zurückhaltung gerufen hätte.

Es ehrte und schmerzte ihn, wenn seine Mutter kopfschüttelnd meinte: »Dass du immer mit dem Kopf durch die Wand musst – wie dein Vater!« Es ehrte und schmerzte ihn aber auch, wenn seine Mutter feststellte: »Du hast die Handschrift deines Vaters.«

Stolz und Traurigkeit waren eins. Der vaterlose junge Mann heiratete und wurde schließlich selbst Vater. Auf seiner Hochzeit und bei der Taufe des ersten Sohnes wurde das Bild des Vaters vom Küchenbuffet mit aufgestellt – gut sichtbar für Familie und Gäste. Alle wussten: Einer fehlt – und das ist die Normalität.

Was ebenso fehlte, war ein Grab. Je älter er wurde, desto mehr spürte er die Macht dieser Leerstelle und desto begreiflicher wurde ihm der alte Kummer seiner Mutter. Wo ist mein Vater, wo kann ich ihn betrauern? Am Küchenbuffet geht das nicht immer.

Es war nicht viel, was sie wussten. Irgendwo in Weißrussland hatte sich die Spur des Vaters verloren. Die Kriegsgräberfürsorge hatte keinen Zugang zu den gefallenen Soldaten. In den Weiten und Sümpfen Weißrusslands lagen und liegen sie zum Teil noch immer ohne Gräber. Jede dritte weißrussische Familie hat selbst ein Kriegsopfer zu beklagen. Das Trauma ist noch Generationen später gegenwärtig. Nur zu klar war es, dass der Kriegsgräberfürsorge bis in die 90er Jahre hinein keine Erlaubnis erteilt wurde, nach den gefallenen Soldaten zu suchen und jeden Einzelnen zu bestatten.

Umso größer der Schock, als der Junge, der nun schon lange dreifacher Vater, ja sogar Großvater ist, einen Brief erhält. Wenige Tage vor dem Weihnachtsfest 2004. Sein Vater, der Soldat von damals, sei identifiziert worden. Der Brief berichtet, dass es eine Umbettung und schließlich eine Bestattung auf dem Soldatenfriedhof Berjosa gegeben hatte. Mehrere Tage liegt dieser Brief neben dem Bilderrahmen. Das Kerzenlicht der Weihnachtstage fällt auf das amtliche Papier, jener Nachricht aus einer anderen Welt. Die so früh verwitwete Mutter hätte sich darüber auf ihre traurige Weise gefreut, denkt er. Aber dort, wo sie jetzt ist, braucht sie keine amtliche Nachricht mehr von dem einzigen Mann in ihrem Leben.

Dann steht die Reiseplanung: Der Junge von damals möchte zu seinem toten Vater. Aufschieben will er das in seinem Alter nicht mehr. Er wird mit seinen Söhnen nach Weißrussland reisen – zum Vater. Sofort. Eine Reise von einigen Tagen, für den vaterlosen Jungen von damals eine Erinnerungsreise, ohne dass er auch nur eine einzige Erinnerung an seinen Vater hätte.

Nach einer Bahnfahrt durch weite Landschaften und graue Dörfer, versunken im Matsch von Weißrussland, erreichen sie schließlich das Ziel. Die Plakette auf der Begräbnisstelle trägt den Namen des Vaters, ein Geburtsdatum, kein genaues Sterbedatum. Sie stehen zu dritt am Grab. Drei Generationen sind verbunden. Die Lebenden sprechen ein Gebet und legen ein kleines Holzkreuz ab. In der Manteltasche steckt eine vorbereitete Rede, nur ein paar Worte. Aber der verwaiste Sohn wird die Worte nicht sagen, nicht heute. In der anderen Manteltasche steckt ein Päckchen: Es ist der alte geschnitzte Joseph vom Küchenbuffet aus Kindertagen. Der Junge von damals, der das Jesuskind so brennend um seinen Vater beneidet hatte, stellt ihn behutsam unter den auf der Plakette eingravierten Namen seines unbekannten Vaters.

Trauer? Ja. Auch.

Aber diese Trauer hat sich über die Jahre gewandelt. Hier an dieser Stelle, mitten auf dem winterlichen Soldatenfriedhof unter klirrendem klaren Sternenhimmel, bricht ein Moment von Dankbarkeit darüber auf, dass der Weg auf diesem Soldatenfriedhof für keinen zu Ende ist. Wir sind verbunden, sagt der Vaterlose später; wir sind miteinander verbunden – nicht durch die Kraft unserer Gedanken oder unserer Gefühle. Gott verbindet, was wir nicht verbinden und zusammenhalten können. Als es über dem Soldatenfriedhof zu dunkel wird, kehren sie um, laufen auf der unbeleuchteten Straße. Es ist schwer, sich zurechtzufinden.

Eine ältere Frau, unverkennbar ihr Rückenleiden, steht an ihrer Holzhütte und winkt die Fremden heran. Es ist noch Weihnachten hier. Sie kocht für die deutschen Besucher einen Tee. Das dauert! Eigentlich wollen die Söhne so rasch wie möglich zurück in die Stadt, zurück auf die Bahn, zurück und nach Hause in ihr eigenes Leben. Aber sie bleiben im Muff dieser Hütte, obwohl es draußen immer dunkler wird. Mit wenigen Russischbrocken verständigt man sich. Deutsch? Ja. Und ja, sie hat immer wieder dabei zugeschaut, wie dieser riesige Friedhof gebaut wurde. Und ja, es kommen immer wieder Besucher hierher in das Dorf, in dem der Alltag so still ist. Ob sie schon immer hier lebt? Sie scheint die Frage verstanden zu haben. Die Frau hebt sich mühevoll aus der leichten Verkrümmung und macht ein paar Schritte zu auf eines der wenigen Möbelstücke in der Stube. Aus einer Schublade zieht sie ein fast zerfallenes Stück Papier. Ein Brief – wohl von ihrer Mutter, datiert auf einen Frühsommertag 1941.

Die Mutter hatte damals als Krankenschwester in einem der Krankenhäuser von Minsk gearbeitet, während die kleine Tochter im Dorf bei den Großeltern bleiben sollte.

Wenn die Mutter wiederkommt, bringt sie aus der Stadt etwas Schönes mit. Bestimmt. Die deutsche Besetzung der Stadt Minsk dauerte nur wenige Tage. Ob ihre Mutter eine der Ersten war, die umgebracht wurden, ob sie noch Tage im Krankenhaus arbeitete und die zahllosen Opfer sehen musste – keiner wird es je wissen. Sie kam nicht zurück.

»Mein liebes Töchterlein«, so beginnt der Brief. So wie das greis gewordene »Töchterlein« diese Zeilen anschaut, wird es der einzig erhaltene Brief der Mutter sein. Nach deren Tod hatten die alten Großeltern die volle Verantwortung für das kleine Mädchen, und später hatte die nun erwachsene Frau die Verantwortung für ihre gebrechlichen, letzten Familienangehörigen. Bis auch die sterben.

Ja, in gewisser Weise kann sie sich kaum noch an andere Orte erinnern als an dieses Dorf, diese Hütte, das Haus ihrer Familie. Dann wischt sie sich noch mal über die Augen, faltet das Papier wieder zusammen und bettet es liebevoll zurück in die Schublade. Eine Schublade für die Liebe der Mutter, die in irgendeinem Massengrab liegen wird.

Der Abschied der deutschen Besucher ist still. Die Söhne gehen mit ihrem Vater die schmutzige und gefrorene Straße durch das Dorf zurück, halten kurz am Eingang des Soldatenfriedhofs. Eine solche Reise wird es sicherlich kein zweites Mal geben. Er möchte noch einmal allein zur Grabstelle, sagt der Vater. Nach wenigen Momenten ist er zurück. Der alte Joseph aus Holz soll wieder zurück nach Deutschland kommen. Er hat es sich überlegt. Oder nein, besser noch: Er spurtet die Straße zurück, oder das, was sich Straße – »uliza« – nennt, klopft an die Fensterläden der schiefen Hütte und – »s roschdestwom – frohe Weihnachten« – drückt ihr die Holzfigur rasch in die Hand, wagt es nicht, sie zu umarmen, und läuft dann zurück zu seinen Söhnen, die im Dunkeln warten.

Du bist ihm ähnlicher, als du denkst

Da erschien ihm der Engel des Herrn
im Traum und sprach:
Josef, du Sohn Davids,
fürchte dich nicht,
Maria, deine Frau, zu dir zu nehmen,
denn was sie empfangen hat,
das ist vom Heiligen Geist.
Matthäus 1,19.20

Vor zwei Jahren hatte Vater seine Tanne am 23. noch selbst von allen Seiten geprüft und schließlich besprochen: »Du bist aber besonders gut gelungen.« Dann folgte ein schweißtreibender Akt: Das grüne Ding, nicht selten eingefroren auf dem Balkon, musste so gefügig gemacht werden, dass es irgendwann wie von selbst im Ständer stand. Nachdem der arme Baum endlich von der Vorrichtungszange fest im Griff gehalten wurde, mein Vater ein paar Schrammen hinzubekommen und ein paar Flüche losgeworden war, kam das eigentliche Ritual: Wasser von allen Seiten. Der Baum wurde besprüht. Unter feuerwehrtechnischen Gesichtspunkten und angesichts der trockenen Heizungsluft im Wohnzimmer meiner Eltern völliger Blödsinn. Es ist die typische Heizungsluft aller Neubauten, wie sie heute noch von Rostock bis Dresden zu finden sind. In dieser Heizungsluft bin ich groß geworden. Das Wasser, das mein Vater am 23. sprühte, war am Abend desselben Tages schon nicht mehr nachweisbar. Aber was interessierten meinen Vater öde Fakten? Wie eine kleine Weihehandlung vollzog er also, was er für nötig hielt, mitten im Wohnzimmer. Das wurde damit zur Kapelle. Und mein Vater mittendrin als das priesterliche Familienhaupt, der mit Ritualen und Religiosität so viel zu tun hatte wie der Osterhase mit Silvester.

Das priesterliche Familienhaupt ist tot. Ich bin 40 Jahre alt und schon das zweite Mal selbst für die Weihnachtsstimmung im elterlichen Wohnzimmer zuständig. Ich stelle belustigt fest, wie ähnlich ich meinem Vater bin im Kampf mit der Tanne. Selbst meine Mutter, versunken in Monaten der Traurigkeit, amüsiert es ein bisschen, wie ich mich anstelle mit Baum und Zange. »Du bist ihm ähnlicher, als du denkst«, lacht sie. Ich lache mit. Die Zeiten, in denen ich nicht gelacht hätte, sind lange vorbei.

Ich kann meinem Vater nämlich gar nicht ähnlich sein. Genetisch geht das nicht: Ich bin ein Kuckuckskind. Klar ist mir das erst seit meinem 18. Geburtstag. Meine Eltern hatten alles getan, um dieses Geheimnis für sich zu behalten. Mein Geburtstag fällt in eine besondere Zeit im Jahr – meist zwischen den ersten und zweiten Advent. Hin und wieder hatte Vater im Scherz gesagt: Dich hat der Nikolaus gebracht. Ich hatte dazu gegrinst – aber an meinem 18. Geburtstag bekam der Scherz eine Bedeutung, die mir den Boden unter den Füßen wegzog. Er wurde – so empfand ich es damals – die Maske eines Verrats.

Ich war am Morgen des Geburtstags noch im Schlafanzug an den Briefkasten unten im Hausflur gelaufen. Ich hoffte auf Post von meiner Freundin, die den Eltern möglichst nicht in die Hände fallen sollte. Postpubertäre Geheimniskrämerei. Im Briefkasten war nichts, was von ihr sein könnte, stattdessen ein recht offiziell aussehendes Schreiben. Als 18-Jähriger gehörte es zu meiner neuen Würde – das wusste ich –, offizielle Post für die Familie lesen zu dürfen. Mit dieser Klarheit riss ich den Umschlag auf und verstand kaum etwas von den ersten Zeilen. Irgendetwas von auslaufendem Unterhalt für mich. Mich! Was hatte mein Name in diesem Brief zu suchen? Wer zahlte meinen Unterhalt? Warum lief etwas aus, von dem ich bis dahin gar nichts wusste?

Die drei Fragen legte ich zusammen mit dem Brief auf den Geburtstagstisch. Die Kerzen brannten. Meine Mutter hatte Blumen dazugestellt. Mehr für sich als für mich. Sie wusste, dass ich mir nicht so wahnsinnig viel aus Blumen mache. Die Brötchen waren aufgeschnitten, der Tee heiß, aber alles blieb in diesem einen Moment hängen; dem Moment, der auf die Frage folgte: »Wer zahlt hier für mich Unterhalt?« Mutter setzte sich. Sie versuchte, den Moment vorüberziehen zu lassen. Wie oft hatte sie sich womöglich diesen Augenblick vorgestellt, gefürchtet, verdrängt und zur Seite geschoben. Sie war wie vereist.

Vater war zupackender, beherzter. Er sah mich nicht an, schien die Kerzen auf dem Tisch zu zählen und tauchte in seine Erinnerung ab. 18 und ein halbes Jahr zurück.

Die junge schwangere Frau auf dem Sommerfest des Betriebes hatte ihm gefallen. Sie hatten ein bisschen getanzt und ein bisschen geredet. Hübsch hätte sie ausgesehen – fast strahlend, meinte der ansonsten staubtrockene Vater im Nachhinein.

Dann hatte auch meine Mutter die Sprache wiedergefunden. Sie konnte sich an nichts dergleichen erinnern. Mit Anfang 20 war die Schwangerschaft für sie nicht das Schlimmste. Das galt zu der Zeit als üblich. Am schlimmsten war, dass sie allein damit dastand. Die 60er Jahre waren noch nicht zu Ende. Dass der gesellschaftliche Hürdenlauf inmitten der sozialistischen Spießigkeit erst noch beginnen würde, war ihr im dritten Monat klar. Von strahlender schwangerschaftlicher Schönheit also keine Spur. Und dann kam dieser wenig ältere Kollege, drei Köpfe größer. Damals sagte man noch »stattlich«.

Vielleicht war es sein einziger heldenhafter Moment im Leben, vielleicht ist er nie wieder so über sich hinausgewachsen. Jedenfalls heiratete er die junge schwangere Kollegin. Kinder wollte er ohnehin haben. Dann wäre eben dieses eine Kind wie sein eigenes.

Nach der Geburt zogen sie in eine gemeinsame Wohnung im neuen Stadtteil, die Mutter blieb erst mal zu Hause. Und irgendwann hörten die Fragen auch der besonders aufmerksamen »Freunde« auf. Eine offizielle Adoption schien damals nicht so nötig und hätte vielleicht viel mehr

Unruhe gebracht, als die Sache einfach so auf sich beruhen zu lassen. So dachten meine Eltern. Und so ruhte die Sache also für 18 Jahre.

Ob ihnen in dieser Zeit nie der Gedanke gekommen war, mir zu sagen, wer mein leiblicher Vater ist?

»Warum? Was hätte das geändert?« – meine Mutter wurde heftig. Die Erziehung wäre ohnehin schwer genug gewesen. »Die vergangenen Jahre – all die Auseinandersetzungen zwischen dir und Vater. Das weißt du doch auch noch!«

Plötzlich war ich das Ei im falschen Nest. Ein mittlerweile volljähriges, aber falsch platziertes Kuckucksei.

Wer ist der Mann auf der anderen Tischseite – mein Ernährer, mein Erzieher, der Vater meines Bruders, tatsächlich noch mein Papa? Mich hatte nie interessiert, dass wir uns so gar nicht ähnlich sehen. Ich war viel zu sehr mit unseren Kämpfen beschäftigt.

Diese ewigen Kleinkriege, Streitgefechte über Ansichten. Seine Stimme, die laut, viel zu laut für Neubauwände werden konnte:

»Nein! Wann du zu Hause zu sein hast, bestimme immer noch ich!«

Oder als ich mich bei der Nationalen Volksarmee verpflichten wollte, um doch noch studieren zu können:

»Du unterschreibst nicht diesen Mist von einer Selbstverpflichtung für die NVA. Bist wohl verrückt geworden.«

»Nein! Dann studierst du halt nicht und machst erst einmal eine anständige Lehre.«

Unser Vater-Sohn-Frontenverlauf.

Am Ende meiner Teenagerzeit hatten wir so etwas wie einen Burgfrieden. Würden wir uns jemals etwas zu sagen haben über stillgehaltene Waffen hinaus – etwas, das weiter reichte als der stickige Familienalltag zu viert? Gehörte ich überhaupt noch zu dieser Familie, noch genauso wie mein Bruder, der genau genommen mein Halbbruder war? Sollte ich nicht noch viel empörter über diese Geheimnistuerei meiner Eltern sein? Eltern?

Auch dieser Nikolaustag, mein 18. Geburtstag, ist vorbeigegangen. Wir haben nicht wieder darüber geredet. Für meinen Erzeuger konnte und kann ich mich beim besten Willen nicht interessieren.

Ich habe auch damals nicht darüber gesprochen, dass ich so etwas wie ein Kuckuckskind bin. Ich hatte es schließlich besser als jedes Vogelbaby! Ich bin nicht ausgesetzt worden. Ich habe niemandem den Platz im fremden Nest streitig gemacht. Ich bin – im Gegensatz zu den Kuckuckskindern im Wald – noch nicht mal ein Nesträuber oder ein Rauswerfer. Ich habe eine richtige Mutter und einen auf seine kühle Weise auch richtigen Vater.

Inzwischen bin ich mehr als doppelt so alt. Im vergangenen Jahr habe ich das erste Mal ohne ihn Geburtstag gefeiert. Er selbst hatte befürchtet, das Sterben ginge wohl etwas langsamer und vielleicht auch schwieriger. Meine Mutter scheint darüber wahrscheinlich ein- oder zweimal mit ihm geredet zu haben. »Musst dich nicht fürchten«, habe ich sie auf der Intensivstation mehrmals flüstern hören. Er ist nach einem Schlaganfall nicht mehr aufgewacht.

Jetzt bereitet Mutter schon das zweite Weihnachtsfest ohne ihn vor. Etwas von seiner nüchternen Pragmatik steckt auch in ihr. »Soll doch weitergehen«, sagt sie und wuchtet den Baum von der Balkonseite des Zimmers in die andere Ecke. Die wenigen Tage im Koma soll mein Vater gar nicht mehr gespürt haben. Ob ich mich mit dieser Ärzteweisheit trösten will, weiß ich gar nicht so genau. Die Konsequenz gefällt mir nicht so gut. Denn dann hat er vielleicht auch gar nicht mehr gespürt, dass ich ihm danke gesagt habe. Danke für die vielen gemeinsamen Jahre, die Kämpfe, das Dableiben. Viele seiner Entscheidungen waren bestimmt nicht richtig. Das meiste würde ich heute als Vater anders machen, aber kommt es darauf an? Es zählt, dass er dageblieben ist, biologische Verbindungen nicht an erste Stelle gesetzt, sondern seine Liebe zur Pflicht gemacht hat, ohne das Gefühl, darin zu ersticken.

Als der Baum aufgestellt fast ein Drittel des Zimmers füllt, überlegen Mutter und ich kurz, ihn von allen Seiten etwas zu befeuchten. Aber das Ritual ist ohne Vaters Anwesenheit lächerlich. Und dann war sie doch noch mal da, die alte, nie ausgesprochene Frage: »Hat er einen Unterschied gespürt zwischen mir und meinem Bruder?«

»Ja, sehr viele!«, antwortet Mutter. »Aber nicht den, den du meinst.«

»Woher weißt du das so genau?«

»Erinnerst du dich noch, die Ablehnung für den Studienplatz? Der ganze Frust? Deine Enttäuschung? So enttäuscht warst du, dass du dich sogar für diese Spitzbuben bei der Armee verpflichten wolltest, nur um danach studieren zu können. Aber Vater hatte Angst, furchtbare Angst, dass sie in drei Armeejahren einen seelisch gebrochenen und willigen Genossen aus dir machen.«

»Alte Geschichten …«

»Es war ein erstes und ein letztes Mal, dass er sagte: In diesem Land hat unser Junge keine Zukunft.«

»…«

»Es hätte damals nicht viel gefehlt; er wäre mit dir und uns allen geflüchtet. Konnte doch keiner ahnen, dass die DDR untergehen würde. Bei Nacht und Nebel hätte er es versucht, mit Hohn und Spott im Rücken, es wäre ihm egal gewesen. Für dich hätte er es getan. Für seinen ältesten Sohn.«

Ich bin dann doch noch in die Küche gegangen und habe die Blumenspritze mit Wasser gefüllt. Die Zweige des Baumes haben geglitzert und es war schön, den feuchten Nebel für einen Moment einzuatmen.

Eine Krüppelbäumchengeschichte

Ich will dir einen Nachkommen erwecken ...
2. Samuel 7,12

Sie sieht ihn, und es ist Liebe auf den ersten Blick. Sie bestaunt das Prachtexemplar, grün, mehr aber bräunlich, von fast allen Seiten. Keine Frage: Es wird ihr Prachtexemplar sein. Genau genommen hat das Exemplar aber so gar nichts von Pracht. Der Stamm hatte wahrscheinlich nie vor, gerade zu wachsen. Die sehr unregelmäßig verteilten, struppigen Äste halten die letzten Nadeln wahrscheinlich nur mit allerletzter Kraft. Ein Bäumchen, wie es eigentlich nicht im Buche steht, sondern eher auf der Baumplantage zurückgelassen wird. Dass dieses Bäumchen noch zum Verkauf dargeboten wird, ist nicht gerade geschäftstüchtig, eher dreist. Doch Katrin stört das nicht. Sie weiß, dieses Krüppelbäumchen gehört zu ihr, in ihre kleine Zwei-Zimmer-Wohnung, hier im Kiez.

Der Baumverkäufer weiß nicht, ob er sich über den gelungenen Verkauf dieses verkrüppelten Bäumchens die Hände reiben oder die offenkundig wenig sehtüchtigen Augen dieser Frau Ende 30 bemitleiden soll. »Wahrscheinlich alles eine Frage der Kosten«, denkt sich der Händler. Aber Katrin geht es nicht ums Geld. Sie muss eigentlich nicht sparen an der Schönheit eines Bäumchens zugunsten des Portemonnaies. Er sieht sie gerade noch in die nächste Straße einbiegen, mit energischem Schritt und einem Bäumchen unter dem Arm, das so gut wie kein Gewicht zu haben scheint.

Katrin weiß Bescheid. Sie weiß, wie es sich anfühlt, seit dem ersten Atemzug von den Eltern mit einem skeptischen Fragezeichen angesehen zu werden. Sie hat diese Fragezeichen immer an den eigenen Eltern entdeckt und jedes Mal gedacht. »Ich bin der Grund dieser Skepsis, dieses Fragezeichens.« Selbst als ihr Vater schon längst einen Platz auf dem Friedhof hat, sind diese Fragezeichen noch zu spüren. »Kein Wunder, dass ich nicht gerade und schön nach oben wachsen konnte ...«, schimpft sie leise vor sich hin und sieht auf den kümmerlichen Weihnachtsbaum, der jetzt seine hohe Stunde erhalten soll.

Ein infrage gestelltes Kind mit dem Gefühl eines Krüppelbäumchens. So ein Bäumchen hat ja schon fast etwas Lächerliches, schief und krumm, wie es da steht. Katrin ist auf der Suche nach der Schönheit des Verkrüppelten. Darum wird nun auch die derartig traurige Lächerlichkeit des Bäumchens nicht verhangen mit Bändchen und Kerzen, auch nicht mit extra aufgesteckten Zweigen nachgebessert. Sie wird so belassen, wie sie ist. Wenn Katrin ein Selbstporträt abliefern müsste, wahrscheinlich hätte es die Gestalt eines solchen Krüppelbäumchens zur Weihnachtszeit. Die quer und irgendwie unfertig gewachsene Tanne wird binnen Stunden zur guten Freundin. Auch Krüppelbäume erleben ihre Glanz- und Lichtzeiten.

Katrin kann mit jeder Faser spüren, was es heißt, nicht wirklich vollständig zu sein – zumindest in den Augen der Eltern. Das Gefühl von Mangel war auch nach dem Auszug geblieben. Sie schien weiterhin ein graues alltägliches Unbesonderes zu bleiben.

»Ein Sohn ist uns geboren« – von wegen! Noch 39 Jahre später packt sie der Ärger über ihre Eltern, die kalten Familientage, deren Leere und Geiz. Sie möchte nicht mehr länger eine Fehlermeldung im Familiensystem sein. Das weiß sie schon seit mindestens 30 Jahren. Aber das Wissen und das Fühlen spielen oft ein Spiel gegeneinander. Immer noch möchte etwas in ihr doch noch der kleine heiß ersehnte Sohn sein, auf den die Eltern damals alle Hoffnungen gepackt hatten. Hoffnungen, die sie – nur ein Mädchen – nie erfüllen konnte. Geschwister gab es keine. Ob das Fluch oder Segen ist, darüber ist sie sich nicht im Klaren. Die Liebe eines Krüppelbäumchenkindes hört niemals auf? Von wegen. Den Vaterfrost der Herzenshärte fühlt sie noch immer. Wird das einmal aufhören?

Kurz vor Weihnachten zieht unten im Haus eine junge Frau ein. Kaum jünger als sie. Katrin hat sie nur kurz im Treppenhaus gegrüßt. Wenn es im Büro wieder etwas entspannter zugeht, wird sie ihr Brot und Salz vorbeibringen. Das hat sie sich fest vorgenommen.

Als sie es endlich am Sonntagabend schafft, unten zu klingeln, hört sie schon im Hausflur schrilles lautes Kinderlachen. Der Frequenz zufolge muss es das Lachen eines Kleinkindes sein. Die Tür geht auf. Die junge neue Bewohnerin hält ein Mädchen auf dem Arm, das hinter einer roten Kinderbrille mit dicken Gläsern breit grinst. Oben in den Haaren des Mädchens stecken elektrodenartige Gebilde. Am Kragen ihres Kleidchens ist ein Gerät angebracht, das ab und an ein blinkendes rotes Licht sendet. Wer weiß, wohin; wer weiß, wozu? Katrin hat so viel Lachen mit Elektroden auf dem Kopf noch nicht gesehen und strahlt einfach zurück.

Brot und Salz werden von der neuen Mieterin fröhlich angenommen. Dann stellt sie sich und ihre Tochter Milena vor. Wie alt das Kind sei, will Katrin wissen. »Fast vier.« Dass ein fast vierjähriges Kind so kleine Füße und nahezu streichholzartig dünne Beinchen hat, erstaunt die Nachbarin doch. Sie hört die Mutter sagen: »Milena spricht noch nicht, weil sie ausgesprochen schlecht hört. Die Technik und das ganze Drumherum sollen da ein bisschen helfen. Außerdem funktioniert ihr Gleichgewichtssinn nicht. Aber seitdem wir hier in der Wohnung sind, hat sie wacker angefangen, sich selbst auf den Beinen zu halten! Sie glauben gar nicht, was das für ein Fortschritt ist! Wir haben doch hoffentlich nicht zu laut gejubelt …?«

Die Mutter steht immer noch an derselben Stelle mit einem immer noch breiten Lächeln übers ganze Gesicht. Der Stolz guckt ihr aus jedem Augenwinkel. Milena thront wie eine Prinzessin nach gewonnener Drachenschlacht auf den Armen ihrer Mutter und zieht mit der rechten Hand ein wenig an ihren Strippen auf dem Kopf. Katrin wird natürlich hineingenötigt und sieht sich in der kahlen Wohnung um. Ein paar Kisten an der Wand nach oben gestapelt, offenkundig schon stark beanspruchte Möbelteile, die noch auf Zusammensetzung warten, verbreiten nicht gerade die behagliche Stimmung eines vierten Advents.

Milena scheint das nicht zu stören. Sie möchte jetzt auf dem Boden langrutschen und die Besucherin aus der Nähe betrachten. Die Mutter versteht das ohne Worte. Damit Milena etwas erkennen kann, muss sie nah an Katrin heranrobben. »Milena kennt noch keine Scheu und freut sich immer, wenn sie ein neues Gesicht entdeckt.« Jetzt entdecken sie sich gegenseitig. Katrin fühlt sich etwas zu unbeholfen und erlaubt sich noch nicht, Milena zu berühren. Es ist, als könnte an dem Kind etwas kaputtgehen, so zart und verkabelt ist es. Milena möchte der fremden Frau alles in ihrem Kinderzimmer zeigen: die verschiedenen Felle, von Schafen, sogar von einem Fuchs, an den Wänden; »Milena lernt durchs Fühlen.« Eigentlich muss die Mutter das nicht erklären. Dann die großen Blumen über dem Bett, das Fensterbild mit dem Schneemann, ein Zoo von Kuscheltieren, die darunter sitzen. Milenas Favorit unter den Zootieren ist ein Kamel mit drei ungleichen Beinen, das Vierte ist gänzlich verknickt.

Am Abend steht Katrin wieder allein vor ihrem lächerlichen Bäumchen.

Sie ist reicher um eine Geschichte und zwei neue Bekanntschaften. Auch wenn es noch keine drei Stunden her ist.

Milenas Mutter hat sich ein Kind gewünscht, so sehr, dass ihr ohne festen Partner eine Insemination der Weg zum Glück wurde. In den einschlägigen Szene-Zeitschriften hatte sie den richtigen Kontakt gefunden, den richtigen Zeitpunkt erwischt und nach ein paar fehlgeschlagenen Versuchen endlich gejubelt: schwanger! Auf eine Bilderbuchschwangerschaft folgte eine katastrophale Geburt. Die Folgen sind sichtbar. Mindestens ebenso sichtbar ist der Stolz der Mutter über so viel Glück durch die Katastrophe hindurch.

Katrin sieht Milenas breites Lachen, setzt sich hin und schneidet vier gleich große Sterne aus. Auf den einen schreibt sie: »Gutschein für einmal Möbel zusammenbauen«, dann: »Gutschein für ein Abendessen in der zweiten Etage«, auf den dritten: »Gutschein für einen Spielplatznachmittag«, »Gutschein für einmal Kamelreiten an einem Samstagnachmittag«. Daneben malt sie ein kleines Kamel mit verknicktem Fuß und die Adresse des einzigen Kamelreithofs im ganzen Umland. Alle Gutscheine sind eingelöst, als der Drei-Königs-Tag, der 6. Januar, vorbei ist. Dann hat Katrin eine Einladung im Briefkasten, auf Buntpapier, schief und krumm gefaltet: eine Einladung zur Taufe von Milena.

So lange ist sie in keiner Kirche gewesen. Und jetzt soll sie gleich Patin werden. Es rührt und irritiert sie gleichermaßen. Kann man Zuneigung per Amtsverpflichtung verschreiben?

Am Taufstein stehend hört Katrin mit Milena und der Mutter diese alte Geschichte von der Taufe Jesu – wie ein Signal aus anderer Welt. Und doch kommt ihr daran etwas bekannt vor, wie ein Geruch, der plötzlich eine tief vergrabene Erinnerung wachruft, wie ein Gedanke, den man schon lange nicht mehr hatte und dann begrüßt wie einen alten Freund. »Du bist mein lieber Sohn.« Die Stimme aus den Wolken über dem Täufling Jesus gesprochen. Milena hört die Worte wahrscheinlich nicht, noch nicht. Dann ist Katrin an der Reihe und wird gefragt, ob sie dieses, ihr Patenkind, nun begleiten wird durch Glaube und Zweifel, Hohes und Tiefes ... Dann möge sie mit »Ja« antworten. Katrin antwortet: »Ja ... Du bist mein liebes Kind.« Alle Umstehenden haben das »Ja« gehört. Katrin, das Fehlerkind von einst, ist aber sicher, mit dem Herzen hat Milena auch den zweiten Teil gehört.

Telemann, oder: Dies ist der Tag ... danach

Singet dem Herrn ein neues Lied;
Singet dem Herrn und
lobet seinen Namen,
verkündet von Tag zu Tag sein Heil.
Psalm 96,1

»Es ist meine Geschichte, nicht seine. Seine Geschichte würde anders klingen. Ich bin getrennt und befreit, er ist getrennt und allein. Ich kam mir jahrelang vor wie in geborgten Rollen und fremden Kleidern. Er hatte nur das, was wir gemeinsam als Leben in den Alltag packten. Ich höre ihn endlich nicht mehr die Treppe hinaufächzen, wenn er schwankend zwischen Schwermut und Schwerfälligkeit die Wohnungstür ansteuert. Dieses Ächzen hat mich bis in den Schlaf hinein verfolgt. Das Ächzen war lauter, irgendwie betonter geworden, als er seine Arbeit verloren hatte. Was nach einer vorübergehenden Sache aussah, wurde zur zweijährigen Zwangspause.

Damals begannen die »nassen Zeiten«. Ein oder zwei geöffnete Weinflaschen standen irgendwann nicht mehr nur abends auf der Küchenzeile. Irgendwann kroch mir der Geruch von Wein schon mittags in die Nase, wenn mein Mann im Raum war. Gar nicht so viel später – so scheint es mir heute – stellte ich fest, wie schwierig es geworden war, miteinander eine sinnvolle Unterhaltung zu führen. Aber da waren schon anderthalb Jahre zwischen den ersten auffälligen Weinflaschen und dem Dauergeruch in der Wohnung vergangen. Der Wein sollte gegen die Traurigkeiten anfließen, aber er schien den Trinker nur noch trauriger, stiller und ächzender zu machen. Als Vater blieb er der Dauerkomiker und feste Fels für seine Tochter. Als Partner verschwand er im Nebel des Selbstmitleids.«

Die Erzählung der Frau erinnert an eine von Sören Kierkegaards Notizen. Diese Notiz hält ungefähr fest, dass ein liebender Mensch nach menschlichem Ermessen den Geliebten zu sich hinaufziehen möchte. Nach göttlichem Ermessen möchte allerdings der Liebende herabsteigen zum Geliebten. Die menschliche Bewegung der Liebe hat eine andere Richtung als die göttliche. Wenn es so einfach wäre …

Hier zumindest hat eine Frau versucht, in allen möglichen Bewegungsrichtungen der Liebe überhaupt eine Chance zu geben.

»Jetzt hat er sich eine neue Wohnung gesucht, preiswert und klein in einem anderen Stadtbezirk. Eine Durchgangsstation für einen Mann Ende 40. Bestimmt nicht leicht. Aber dafür will ich jetzt nicht mehr verantwortlich sein. Nach zehn Jahren Ehe nicht mehr. Die nassen Zeiten sind vorbei. Wir freuen uns endlich auf einen trockenen Weihnachtsabend.

Meine Tochter weint nur hin und wieder mal ein bisschen, immer dann, wenn ihr klar wird, dass wir morgen Abend nicht zu dritt sein können. Tränen, die sich trocknen lassen. Ich habe meinen Partner auf Augenhöhe verloren – irgendwo unterwegs in den vergangenen zehn Jahren; meine Tochter hat ihren Vater verloren, glaubt sie zumindest in Momenten wie diesen. Gerade geht's ihr gut:

›Kommt das Christkind?‹, fragt sie mich und grinst. Mit zwölf Jahren ist sie eindeutig zu alt für diese Frage. Aber es ist ein Ritual. Denn auf diese Frage gibt es in unserer Familie nur eine Antwort: ›Es kommt zu allen, die sich Mühe geben!‹

Auch ich habe die Frage schon als Kind gestellt und die gleiche Antwort erhalten. Wenn ich mir Mühe gebe, kommt es auch zu mir. Nie habe ich verstanden, warum zum Christkind und zum Weihnachtsfest die Mühe gehört und nicht Lust oder Freude. Mit dem Erwachsenwerden blieb mir nichts anderes übrig, als die Antwort zu ironisieren, um nicht an ihr zu ersticken, an diesem permanenten Mühe geben. Der Heiland und der Gabenbringer waren in Kindertagen immer dieselbe Person, aber irgendwann war

Schluss damit. Und wenig später war es auch nicht mehr so wichtig. Ich hatte mich von konditionierten Weihnachtsgaben befreit – ›Für all die Geschenke muss man sich schon ein bisschen anstrengen, Isabel!‹ Das waren die Standardsätze zu Hause – und in meiner großen, neuen Welt war das Allermeiste heil – auch ohne Heiland, der Gaben bringt. Aber kann man das, was heil ist, von dem Unheilen tatsächlich unterscheiden, wenn man gerade drinsteckt?

Wir haben uns gegenseitig stumm gemacht und blieben dabei, so weiterzumachen. Es ist wie ein Weiterfahren, ohne das Bremsen geübt zu haben. So wie die Schlittschuhläufer, die ich beim Training meiner Tochter immer wieder beobachten kann: Sie haben das irgendwie ansehnliche und möglichst schmerzfreie Bremsen einfach noch nicht gelernt und ziehen dann hilflos und lächerlich weiter übers Eis, bis sie vielleicht zu dicht an die Bande kommen. Wir haben wahrscheinlich auch so eine tragisch-lächerliche Figur abgegeben, aber wir hatten keine Beobachter hinter der Bande. Jetzt sind wir zusammen vom Eis gegangen.

Seltsam. Noch vor acht Wochen haben wir überlegt, wie es weitergehen kann; eigentlich nicht wir, sondern jeder für sich. Vor sechs Wochen habe ich den Gedanken nicht mehr losgelassen, endlich allein leben und wohnen zu können – ohne ihn. Ich habe versucht, Wohnungen zu finden und Vermieter zu bestechen, damit es schneller geht. Ich habe in Gedanken Grundrisse irgendwie passend gemacht für meine Tochter und mich. Vor einer Woche hat er zwischen Einkauf und Abendbrotvorbereitung gesagt: ›Ich ziehe aus.‹ Das schlechte Gewissen klopfte gleich nach der Freude und der Erleichterung an.

›Wird er es allein packen? Und so schnell? Noch vor den Weihnachtstagen?‹ –

›Auf jeden Fall! Alles andere wäre falsch und geheuchelt.‹

Die Antwort klingt immerhin plausibel.

Dies ist der Tag … danach … ›Waren wir doch zu schnell, haben wir doch zu wenig versucht, auf dem Boden der letzten zehn Jahre zu stehen und zu gehen?‹ Ich stelle mir diese Frage immer wieder in unzähligen Varianten. Und immer wieder lande ich bei diesem einen Zweifel: ›Haben wir uns zu wenig Mühe gegeben?‹

Ich werde jetzt unsere Wohnküche umräumen – jetzt sofort, noch bevor die Weihnachtstage beginnen. Erst mal muss alles raus aus den Ecken. Kann doch wohl nicht wahr sein, dass man sich in einem Zimmer mit zwei großen Fenstern, einer Flügeltür zum Nebenraum und zwei Meter siebzig Raumhöhe beengt und zugemüllt fühlt.

Im Radio läuft nebenbei der sanft-weihnachtliche Dauerbeschuss, und es stört mich überhaupt nicht. Im Gegenteil. ›Dies ist der Tag …‹ – eine Zeile nur, noch und noch wiederholt, verziert und auf mehrere Stimmen verteilt. Ein gemischter Chor. Mit Musik kenne ich mich nicht so gut aus. ›Dies ist der Tag‹ – ein anderes Wort für Heute – vorausgesetzt, man meint es mit dem Heute ernst genug.

›Dies ist der Tag …‹ – es klingt so klassisch, nach Bach oder so. Ich halte einen Moment mit der Arbeit inne, um richtig hinzuhören. Verstehe ich noch mehr als diese vier Worte? Allein das Wort »fröhlich« scheint sich ja über mehrere Notenzeilen zu verteilen, so wie sie es im Radio singen.

›Dies ist der Tag‹ … Meine Tochter kommt ins Zimmer. Vom Verpacken der Geschenke hat sie rote Wangen. Wenn sie es wüsste, wäre es ihr bestimmt peinlich. Welcher Pubertierenden würde es nicht so gehen? Schon fast etwas vergnügt zieht sie mir am Pullover: ›Das haben die von Peter Licht.‹ –

›Wer?‹

›Na: Dies ist der Tag‹, schüttelt sie den Kopf, als müsste ich sofort wissen, was Sache ist …

›Peter Licht … Dies ist der Tag, an dem du zur Hölle fährst.‹

Ich weiß nicht, was ich zuerst sein soll: besorgt darüber, dass meine Tochter offenkundig die falschen Dinge hört, oder belustigt darüber, dass Bach und Kollegen irgendeinen Liedermacher von heute kopieren könnten.

›Er ist nicht irgendein Liedermacher! Seine Lieder können denken, Mama!‹

Die vielen Stimmen im Radio sind mit einem Mal fertig. Der Moderator scheint von dem plötzlichen Ende auch ein bisschen überrascht zu sein. Er sucht nach Worten, als er Telemann und dessen Werk abmoderiert. ›Dies ist der Tag, den der Herr macht. Eine Vertonung des 118. Psalms – zu Ostern und zu Weihnachten zu singen …‹

Telemann?

Der Name sagt meiner Tochter nichts, und mir auch nicht viel. Peter Licht wiederum sagt mir gar nichts, obwohl meine Tochter schwört, ich hätte es schon x-mal aus ihrem Zimmer hören können: ›Hallo Geld … hallo heile Welt … dies ist der Tag …‹ Nein, habe ich noch nicht gehört, zumindest nicht bewusst. Vielleicht wird es wirklich Zeit aufzuwachen, hinzuhören. Dies ist der Tag, der Tag danach … und das Christkind kommt einfach so.

Annahme verweigert

Maria bewegte all diese Worte
in ihrem Herzen.
Lukas 2,19

Sie ist auf dem Weg zum Briefkasten. Fester Schritt und dicke Schuhe sind ihr Markenzeichen. Das Fahrrad schiebt sie neben sich her. »Bei dem Schnee kann man eigentlich nicht mehr fahren …«, sagt sie und bleibt stehen. Sie ist Mutter von drei Kindern, und ihr gerade begonnenes fünftes Lebensjahrzehnt sieht man der sportlichen Frau nicht an. Die große Familie und weitläufige Verwandtschaft, verteilt auf der ganzen Welt, erwartet Weihnachtspost. Wir haben kaum Zeit, miteinander zu reden. Zu kalt und zugig ist es ohnehin, um länger stehenzubleiben. Viele werden ihre Post erhalten. Ein Brief an die jüngste Tochter ist nicht dabei. Sie soll ein Paket erhalten, sagt die Mutter. Es ist ein weiterer Versuch, mit der Tochter Kontakt aufzunehmen. Und ich sehe das Achselzucken der Mutter: Ob das eigene Kind dieses Mal darauf reagiert?

Jetzt schiebt sie ihr Rad weiter. Die geschriebenen Briefe in der Hand und die ungeschriebenen, die sie im Herzen bewegt. Der ungeschriebene Brief liest sich etwa so:

Es ist das dritte Weihnachtsfest ohne dich, Monika. Dabei lebst du noch nicht einmal weit weg, sondern in derselben Stadt. Wir kennen sogar deine Adresse. Trotzdem feiern wir nicht zusammen. Wir haben kaum etwas zu feiern. Nicht in den vergangenen drei Jahren. Wir haben nur so was wie ein Erste-Hilfe-Ritual. Ich übernehme die Nacht- dienste in der Apotheke. Dann müssen wir Heiligabend nicht zu Hause sitzen und sehen, dass wir schon rein zah- lenmäßig nicht vollständig sind. Wenn ich auch noch weg bin, dann fällt das nicht mehr so sehr ins Gewicht. Und nach 20 Uhr kommt Papa mit deinen beiden Geschwistern zu mir ins Mitarbeiterzimmer hinten in der Apotheke. Wir schaffen es sogar, wieder zu singen … Im ersten Jahr ohne dich war das anders.

Was habe ich nur erwartet, als ich für dich am 22. das Weihnachtspaket fertig gemacht habe – jede Kleinigkeit liebevoll eingewickelt, mit Zeit – einen halben Nachmittag lang – und mit so vielen Gedanken.

»Christ ist erschienen, uns zu versühnen.«

Ich habe es jahrelang mit im Chor gesungen und stelle fest, wie wenig ich diese Hoffnung auf meine Familie an- wenden kann: Werden wir jemals versöhnt werden mitei- nander, mit unserer Geschichte?

Hast du Angst, etwas von dir und deinem Stolz zu ver- lieren, wenn du wieder zu uns kommst, wieder da und da- bei bist?

Die kleinen Sachen; alles sollte dir ein Zeichen von uns sein. Drei Sterne für den Weihnachtsabend – du kennst sie doch noch von unserem Weihnachtsbaum? –, ein Tomatenaufstrich, den mochtest du eigentlich immer, besonders gut haltbar, ein neues Trikot für das Lauftraining – ob du das überhaupt noch machst? –, ein Fotoalbum; das kannst du ansehen, wenn du meine Plätzchen und den Rosinenstollen probierst ..., die neue Bettwäsche, die Zeitschriften, auch ein Foto von der letzten Ferienhütte, in die wir dich gern mitgenommen hätten.

...

Alles war gut verpackt und verschnürt; sogar die Postkarte mit dem Rauschgoldengel innendrin hatte ihren richtigen Platz und – wie ich fand – die richtigen Worte.

Papa hat das Paket abends im Flur stehen sehen und nichts dazu gesagt. Er hat sich seinen Abstand gesucht. Wie soll er auch nicht. Wir müssen ja weiterleben, arbeiten gehen, Freunde einladen, den Sommerurlaub planen, die Hochzeit deines Bruders vorbereiten, die Wohnung hier und da mal umbauen.

Ma-mia-Monika! Weihnachten im Apotheken-Hinterzimmer ist jetzt auch schon wieder vorbei. Wir haben sogar gelacht, haben ein neues Spiel ausprobiert, das wir deinem Bruder geschenkt haben. Zu Weihnachten wird doch im Hause Deichner immer gespielt. Das weißt du ja.

Aber du hast dich nicht gemeldet – kein »mi« und kein »ma«. Ich wollte noch nicht einmal wissen, ob du an diesem Abend bei dir in der Wohnung bist, ob du schläfst, in der Dunkelheit sitzt, ob du durch die Straßen läufst. Ich war zu müde für die nagenden Fragen. Ich hatte dieses eine Bild: Du packst die Sachen aus, legst sie hin und machst sie irgendwie zu deinen Dingen. Einfach so. Du kannst nehmen, ohne dabei dankbar und glücklich aussehen zu müssen.

Es ist ja auch kein Buch dabei. Du musst nichts lesen. Es war dir viel verhasster, als ich je vermutet hätte. Deine Schwierigkeiten mit den Buchstaben, wir haben sie viel zu spät erkannt ... Und die vielen kleinen und großen Lernhilfen und pädagogischen Geschenke auf dem Weihnachtstisch – zu langsam habe ich begriffen, dass dich das gerade auch vor deinen Geschwistern immer wieder noch kleiner macht. »Die kleine Ma-mia-Moni hat's nicht so mit dem Lesen und dem Schreiben«, haben sie gefrotzelt. – Und es doch gar nicht so gemeint.

Deine Schwäche war das Dauerthema – und vielleicht haben wir dich zu wenig gestärkt darin, mit dieser Schwäche zu leben. Vielleicht haben wir dich eher noch zusätzlich geschwächt. Es tut mir so leid.

Das Bild von dir und dem Geschenk hat mich durch die stillen Tage ins neue Jahr begleitet: Monika packt die alten Sterne aus, Monika isst ein kleines Stück vom Stollen. Bis gestern, bis zum dritten Januar …

Als ich zur Haustür hereinkam, gaben mir die Leute aus dem Geschäft unten in der ersten Etage unseres Hauses gleich Bescheid: Sie hätten ein Paket für uns in Empfang genommen. Ob wir es nicht abholen könnten. Ich habe es sofort erkannt, mein Paket an dich. Du hast es wohl zurückschicken lassen. »Es wurde nicht von der Post gebracht. Eine junge Frau hat es für Sie hereingegeben und gemeint, oben wäre gerade niemand und zum Vor-die-Tür-Stellen sei es zu schade.« Das haben mir die Leute gesagt.

Papa hat das Paket schon beim Aufschließen der Tür wieder im Flur stehen sehen – und mein enttäuschtes Gesicht gleich dazu. Er hat das abgelehnte Paket dann auf den Hängeboden geräumt, hinter die Skier und den Schlitten. In ein paar Tagen wird er auch noch den Weihnachtsbaumständer da hochwuchten und ihn davorstellen. Ich möchte bis zum nächsten Dezember nicht daran rühren.

Papa hat jedenfalls beschlossen, alles positiv zu sehen: »Wenn sie die Kraft findet, ein Geschenk zurückzubringen, wenn sie hierherspaziert, in unsere Straße, wenn sie hier klingelt, unten im Geschäft freundlich ein Paket abgibt, dann hat sie auch genug Kraft für jeden einzelnen Tag. Vielleicht ist ihr Widerstand das Beste, was uns geschehen kann.«

Mir fällt das schwer, in deiner Ablehnung etwas Positives zu sehen. Verweigerte Geschenke verletzen mich nun mal, nicht nur mich. Ich glaube, sie verletzen jeden, der mit einem Geschenk etwas von sich selbst preisgibt. Es sollte doch kein Ziel verfolgen, kein Ergebnis damit erreicht werden. Einfach nur ein Geschenk.

Aber vielleicht hat Papa – mehr der Handwerker als der Redner – dich in seiner stillen Art besser verstanden, als ich es kann. Wäre ich erleichterter gewesen, du hättest das Weihnachtsgeschenk angenommen und weiter geschwiegen? Vermutlich nicht. Vielleicht waren wir keine »heilige« Familie, sind es nie gewesen und werden es auch nicht sein. Auch unsere Kunst, einander sein zu lassen, wie wir sind, war alles andere als groß. Vielleicht ist es neben all dem noch ein ganz kleiner Schritt hin zu der Einsicht, dass ich dich im Lieben mehr lassen muss.

Auch wenn diese verweigerte Annahme nicht deine letzte bleiben wird, selbst wenn die traurigen Passagen unserer Geschichte noch nicht zu Ende geschrieben sind, auch wenn die Entfernung zwischen deinem und meinem Leben nicht größer sein könnte für den Moment … der erste Schritt ist gesetzt.

III

Geschenkt: Große Freude, die aller Welt widerfahren wird

Gute Gedanken, liebevolle Zeilen, die letztlich doch nicht abgeschickt wurden – aus welchen Gründen auch immer. Verweigerte Geschenke. Auch das erleben Menschen zu Weihnachten. In den vorangegangenen Geschichten war davon die Rede. Geschenke sind Vieles: höfliche Tauschgabe, standardisiertes Ritual, an das man sich trotz aller Pflichtgedanken und Fantasiemühe gern hält. Geschenke gelten als wortlose Dank-Sager oder werden verknüpft mit einem Ziel, etwa einer Botschaft, die man anders nicht sagen möchte oder kann. Geschenke werden manchmal zu mobilen, zumeist verpackbaren Bühnen unserer Liebeskunst. Manchmal ist diese Kunst nur kleinformatig; dann sagt das Geschenk mehr über die Abwesenheit der Liebe als zu ihrer Anwesenheit.

Biblisch gesehen ist das Wunder der Weihnacht ein Geschenk, das dem Empfänger gewissermaßen zu groß scheint, um es anzunehmen. Dabei handelt es sich nicht um verschiedene, mehr oder weniger wundersame Wunder der Weihnachtszeit. Eine zentral gewordene biblische Geschichte, erzählt durch den Evangelisten Matthäus, meint da klar das eine Wunder: Eine Jungfrau wird schwanger werden.

Es ist hier nicht der Ort, die wissenschaftliche und historische Diskussion noch einmal zusammenzufassen. Gottes Anteil an dieser Geschichte der Begegnung mit Maria ist keine Liebhaberkompensation. Eine Geburt unter der Voraussetzung, sexuell unberührt zu bleiben, wird hier nicht als quasi natürlicher Vorgang und dann zugleich doch irgendwie im Kontrast zur Natur beschrieben. Worauf kommt es an? Ein Kind ist göttlich, das heißt: eigentlich nicht von dieser Welt – und doch ganz für diese Welt da. Wenn es einen Kontrast gibt, dann doch den zu unseren alltäglichen Erwartungen. Zu diesen Erwartungen will das eine nicht passen: Wer nämlich macht sich schon für etwas verantwortlich, mit dem er im Grunde erst mal nichts zu schaffen hat? Ein Wunder geschieht nicht im Gegensatz zur Natur, sondern entgegen dem, was wir wissen, erwarten, prognostizieren.

Haben wir erst einmal unter diesen genannten Voraussetzungen den Mut, es ein Wunder zu nennen, dann bildet dieses Wunder des göttlichen Kindes gewissermaßen eine auf den Gipfel getriebene Idee des Schenkens ab. Es geht hier nicht um ein Abwägen von natürlichen und übernatürlichen Gegebenheiten. Es geht nicht darum, einen Menschen, hier also die junge Frau Maria, mit vielleicht besonderen natürlichen Eigenschaften ausgestattet, beschreibend und erzählend ins Licht zu setzen, um dann daraus im nächsten Schritt eine Gottesgeburt »herzuleiten«. Das möchte das Wunderereignis nun wirklich nicht erzählen, denn etwas anderes ist wichtiger: Gott bleibt nicht dabei, Worte zu schenken, die vielleicht Aussicht und Hilfe geben, an denen man sich dann eventuell festhalten kann.

Gott bleibt also nicht beim Wort, sondern macht aus dem Wort einen Menschen, den man schmecken, riechen, fühlen, ansehen und hören kann. Das erklärt noch lange nicht, wie er es »macht« oder »bewirkt«, dass aus Worten ein Mensch wird. Auch wenn ich vielleicht diesem Wunder nicht glauben kann, dass aus Worten ein Mensch wird, auch wenn ich nicht zu bestätigen vermag, dass dies der Kern von dem ist, was mit dem schwergängigen Begriff Offenbarung gemeint ist, ich kann doch wenigstens das eine für nachvollziehbar halten: Wo Briefe geschrieben, also werbende Worte geschickt werden und wo diese Briefe und ihre Worte keinen Anklang finden, da besteht doch die berechtigte Aussicht, dass dies dann eventuell ein Geschenk bewirken könnte, eine Gabe, die sich berühren, halten und anschauen lässt. Und verfehlt auch dieses Geschenk seine Wirkung, es bleibt dabei: Der Schenkende schenkt sich selbst.

Nun ist es ja so gut wie unmöglich, sich selbst zu schenken. Diese Unmöglichkeit, sich selbst zu schenken, beschreibt die Bibel, zugegebenermaßen nur schwach und nur an wenigen Stellen, mit dem unzählig bezweifelten und bekämpften wie verehrten Wunder der Jungfrauengeburt. Schwach ist der biblische Versuch, diese Unmöglichkeit zu beschreiben deshalb, weil nichts anderes zur Verfügung steht als Worte. Diese Worte geben also eine Unmöglichkeit an, die – ganz klar – außerhalb unserer Erfahrungen und unseres Denkens bleiben wird. Wir haben allenfalls Kontakt zum Ergebnis dieses unmöglichen Geschenks – bis in die Geschenkekultur unserer Tage hinein.

Das Geheimnis, dass sich Gott selbst schenkt, braucht eigentlich kein Wunder. Aber das Wunder können wir nur ansehen im Blick auf dieses Geheimnis.

Klar, das Weihnachtswunder und damit ja auch das Fest selbst ist keine Sache beweisbaren Denkens. Und schon gar nicht geht es um denkerische Umständlichkeit, die letztlich doch keine Erklärungsleistung bringen wird. Der Horizont des Wunders verläuft an anderen Linien. Nicht das Wunder soll über alle Maße erfreuen, sondern das dahinterstehende Geheimnis vom sich selbst verschenkenden Gott.

Die größte Freude entwickelt sich also dort, wo zumindest von der Seite der Menschen das Allerwenigste, nämlich gar nichts, für die Freude getan wurde. Jenseits des Alltagsflachlandes der Kausalzusammenhänge ist klar: Nichts und niemand bewirkt, dass Gott Mensch wird. Das mögen manche als selige Passivität bezeichnen, die schlecht auszuhalten ist. Andere vermögen dieser Passivität Jubel und Freude tatsächlich abzugewinnen. Das gelingt allerdings dort am besten, wo die große Freude und die kleinen Freuden miteinander in Berührung kommen, wo das eine einen Weg zum anderen zeichnet. Wie sich unter diesem Horizont der größten Freude die Geschichten von den kleinen

Freuden einfügen, davon versucht man jedes Jahr neu zu erzählen, ob in Geschichten des Boulevards, der Tageszeitungen oder der hohen Romankunst, nicht zuletzt auch in den Geschichten auf der Leinwand.

In einem der schönsten Weihnachtsfilme der vergangenen Jahre erzählt der Finne Juha Wuolijoki die Geschichte des Waisenjungen Nikolas. Er wird nach dem Tod seiner Eltern und Schwester Jahr für Jahr von einer Familie zur nächsten geschickt. So zieht ihn das bitterarme Dorf mit gemeinsamer Kraft groß. Über ein paar Jahre geht es gut. Dankbar für das, was fremde Eltern für ihn tun, schnitzt Nikolas mit dem geerbten Messer seines Vaters jedem der Kinder seiner Gastfamilien kleine Holzspielzeug-Geschenke und legt sie stets am Weihnachtsabend vor die Tür in den Schnee. Auch als er erwachsen wird, hört er damit nicht auf, im Gegenteil. Er bedenkt auch alle Kinder in den Nachbardörfern und arbeitet – zurückgezogen in einer kleinen Werkstatt – nur noch für diese Weihnachtsgeschenke. Der grausige Verlust seiner Eltern und seiner kleinen Schwester hat ihn gelehrt, dankbar zu sein, und zwar dort, wo er Liebe und Geborgenheit erfährt, wenn auch stets nur für die Spanne von zwölf Monaten. Die eigenen Erfahrungen lehren ihn das Eigentliche.

Eines Tages kommt ein naher Freund aus Kindheitstagen Nikolas besuchen und sorgt sich: »Nikolas, niemand kann nur für Weihnachten leben!« Die mittlerweile erwachsen gewordene Waise fragt zurück: »Gibt es etwas anderes?«

Die Frage lässt im Film natürlich nur ein »nein« zu. Es ist eben eine filmische Weihnachtswundergeschichte von der Rettung eines Kindes, das schließlich halb Lappland etwas über das Schenken lehrt. In der Wirklichkeit jenseits des Films gibt es eben auch ein Ja. Na klar, es gibt noch etwas anderes als Weihnachten. Der wache Blick in so viele Teile dieser Welt – ganz ohne Weihnachtskultur – tut ein Übriges.

Es bleibt die Frage, die nicht auf die Weihnachtstage begrenzt ist. Die Frage kann auch provozieren: Gibt es etwas anderes darüber hinaus, dass Gott »handelt«? Dieses Handeln ist nicht als ein übernatürliches Eingreifen hinzunehmen. Der Ausdruck der Gegenwart ist hier entscheidend: Nicht dass Gott mal irgendwann gehandelt hätte und sich die Welt nun immer mehr von diesem göttlichen Handlungsergebnis entfernen würde; aber auch nicht dass Gott nach Belieben, sichtbar und mirakulös, einfach reingreift, wo und wie es einer zutiefst zweifelhaften Willkür gefallen würde. Die Behutsamkeit Gottes verbietet all dies. Es ist die Behutsamkeit der Zeichensprache.

Zeichensprache ist demnach ein anderes Wort für Gottes Handeln. Die Zeichensprache seiner Liebesgeschichte mit dieser Welt. Es ist eine Liebesgeschichte, die in meine Lebensgeschichte hineinredet. Das ist zumindest die Voraussetzung, die ich teilen muss, damit es überhaupt zum Erkennen der Zeichen kommen kann. Es kommt darauf an, wie ich zuhöre, wie ich in meinem Leben lese, was schon vor Generationen und Generationen vor diesen Generationen ins Leben eines einzelnen Menschen hineingeschrieben wurde. Denn etwas verbindet mich mit diesen und allen noch älteren Generationen. Es ist die Weise, wie wir miteinander leben, wie wir unsere Beziehungen zueinander, zu uns selbst, zu Gott bedenken und beleben.

Die Geschichte von Gottes Selbst-Geschenk ist eine Geschichte der Liebe; Geschichten vom menschlichen Schenken sind Geschichten der Liebe.

Aber wo vom Gewinn der Liebe und ihrem Aufblühen gesprochen wird, kann ihr Wegbleiben oder Wegbrechen nicht verschwiegen werden. Die kommenden Erzählungen nehmen eben diese Gleichzeitigkeit von Aufblühen und Absterben der Liebe ernst. Das Sterben der Liebe oder eines geliebten Menschen wird nun am allerwenigsten mit Weihnachten in Verbindung gebracht. Das macht es ja so liebenswert, dieses Fest. Wie sehr in der modernen religiösen

Wahrnehmung die Krippe an die Stelle des Kreuzes getreten sei, wird immer wieder hervorgehoben. Gerade darum sei Weihnachten mit seinem Fest und der entsprechenden Fest-Ritualität ja während der vergangenen 200 Jahre ins Zentrum der Glaubenspraxis gewandert. So wird es nahezu durchgängig und sicherlich mit nachweisbarer Berechtigung behauptet. Wer will sich die Weihnachtsfreude schon verdunkeln lassen durch das Kreuz? Die folgenden Erzählungen zeigen, dass es nicht darum gehen kann, das Kreuz unserer Liebesgeschichten zu ignorieren; es stellt sich nun mal ein und hat ja auch seinen Platz in der Geburtshöhle. Krippe und Kreuz bestehen aus demselben Material. Wer an der Krippe steht, wird das Kreuz nicht übersehen.

Sich nicht davor zu fürchten, weder vor dem Kreuz noch vor der Krippe, dieser Grundton prägt die kommenden Seiten. Der Realist sieht in der Liebe nicht einfach ein Gegengift zur Furcht, aber er begreift sowohl am Weihnachtsabend als auch an Karfreitag: Gott kann und konnte nicht anders, als diese Welt zu lieben. In dieser Liebe wiederholt sich dieser Dreisatz:

»Fürchtet euch nicht« – das klingt den Hirten schon beim Aufbruch nach Bethlehem in den Ohren. »Fürchtet euch nicht« – das hören, die zum Ostermorgen am Grab Jesu ankommen; das hören hoffentlich klar und deutlich die Menschen in allen möglichen Fadenkreuzen des Lebens und an allen Gräbern dieser Erde.

IV
Liebesgeschichten

Totgesagt wird sie immer wieder, die Liebe. Meist ist sie nur abwesend. Wohl ertrunken in Schein, Illusion, Irrtum und Lüge sei sie, das sagen ihr viele nach und wünschen dabei insgeheim, sie könnten sich vielleicht doch noch geirrt haben. Die Totgesagte scheint davon zu leben, dass sie hartnäckig für erledigt erklärt wird. Abhandlungen zur Liebe haben beste Chancen, Bestseller zu werden, wenn sie nur gut platziert sind. Da bleibt der besorgte Zwischenruf kaum hörbar, die Metapher der Liebe könne sich abnützen oder werde hemmungslos trivialisiert.

Sie zu erfahren ist Mittel zum Leben – vom ersten Atemzug an. Dass dieses selbstverständliche Dazugehören bei weitem für viele Menschen nicht die Wirklichkeit abbildet, davon erzählen die folgenden Geschichten auch. Erloschene Liebe und Begegnungen in Lieblosigkeit werden nicht verschwiegen. Diese Leerstelle der Wirklichkeit kann nicht durch ein verkündigtes göttliches Liebeskompensat aus der Welt geräumt werden. Der abstrakte Gedanke der göttlichen Liebe wird nicht die fehlende menschliche Liebe oder das, was an schmerzhaften Spuren von Liebesunfähigkeit hinterlassen wird, aufheben. Gottes Liebe ist kein fernes Prinzip, das in die Höhen und Tiefen menschlicher Begegnungen implantiert werden könnte. Stattdessen halten die folgenden Geschichten jenseits von Sternenzauber, Myrrheduft und Weihnachtseinsamkeit offen, wie sich Gott tatsächlich jedem Einzelnen vertraut machen kann. Wenn sich in Beziehungen der Liebe einer dem anderen vertraut macht, entsteht zwischen ihnen ein Schöpferisches, ein neuer Raum, der gestaltet und gehalten werden will.

Diese schöpferischen Räume der Liebe haben manchmal die Gestalt einer Zwei-Zimmer-Wohnung, sind vielleicht nicht größer als die Bühne des Krippenspiels oder spannen einen Bogen über Tausende von Flugkilometern. Diese schöpferischen Räume halten sich noch nicht einmal an die Abfolge von Vergangenheit, Gegenwart und Zukunft. Sie haben ihre eigene Zeit und ihre eigene Zeitrechnung.

Ein Christbaum im September

Während sie dort waren,
kam für Maria die Zeit ihrer Niederkunft,
und sie gebar ihren ersten Sohn.
Lukas 2, 7a

»Liebe Inga, die gute Nachricht zuerst: …«, der Brief liegt angefangen auf dem sorgfältig aufgeräumten weißen Damen-Schreibtisch. Cornelia streicht vorsichtig über das edle Papier mit dem Blütenornament. Er ist nicht zu Ende gebracht, dieser Brief. Wer weiß, was die Schreiberin abgelenkt hatte? Ob die Kraft schon nicht mehr ausreichte? Übelkeit oder Erschöpfung? Müde war sie zum Schluss ohnehin – schon nach der kleinsten Anstrengung.

Wie schön ihre Schrift war. Gut lesbar, vorsichtig geschwungen. Einen Computer hatte sie nicht. Der hätte in die ansonsten moderne Wohnung bequem hineingepasst. Aber selbst wenn man mit Anfang 60 aus dem gemeinsamen Haus mit den wuchtig-stilvollen Möbeln und der 40 Jahre alten Ehe auszieht, eine neue Wohnung einrichtet, leicht, hell und ohne jeden Ballast, endlich mal in der Mitte der Stadt, nicht am bieder-etablierten Stadtrand, dann heißt das noch lange nicht, dass man sich auch einen Computer zulegen muss. Oder? Cornelia hatte die Stimme ihrer Freundin gut im Ohr.

Ja, Rosa war eigen und absolut, wenn es darum ging, eine klare Position mit einer, vielleicht auch zwei stichhaltigen Begründungen in den Raum zu stellen. Nach zweimal

20 Ehejahren und zweimal zwei gescheiterten Versuchen, mithilfe von Tabletten für immer einzuschlafen, und nach zwei großgezogenen Kindern wollte sie es noch einmal wissen. Akkurat und sortiert, wie sie nun einmal erzogen war, organisierte sie sich ein neues Leben – und legte sich so etwas wie ein glückliches Singledasein zu. Da war sie 62. Zwei Weihnachtsfeste später ist sie tot.

Cornelia spürt noch immer Rosas Gegenwart in der Wohnung im achten Stockwerk über den Dächern von Berlin-Mitte. Sie soll Rosas Wohnung auflösen. »Eine gute Freundin muss das tun«, so hatte Rosa es sich gewünscht, als sie noch bei Bewusstsein war.

Das Fenster, aus dem Cornelia jetzt schaut, ist bis auf den Fußboden heruntergezogen, ein »Hauch von Luxus«, hatte Rosa beim Einzug gemeint.

An diesem Fenster hatte sie die ersten Wochen ihres neuen Lebens immer wieder gestanden, sprachlos begeistert, fast ekstatisch: »Nicht zu glauben, aber meine erste eigene Wohnung. Und dann so was Schönes!«

Rosas Nachbarn waren Politiker oder sie verwalteten die Politik. Sie wohnte im Viertel der Bundestagsabgeordneten und teilte sich den Concierge mit Menschen, die man sonst eher aus dem Fernsehen oder der Zeitung kennt. Mit dem einen oder der anderen hielt Rosa unten am Mülleimer öfter mal einen kleinen Schwatz zur Lage der Welt. Sie schien geboren für den Small Talk. Nie plump. Mit Charme konnte sie noch jeden gewinnen.

Cornelia fühlt die Wärme dieses Charmes noch immer – ohne jede Künstlichkeit, ohne jede Anstrengung, eine Wohltat für jeden, der in ihrer Nähe war.

Aber Rosa hatte auch was zu sagen. Kaum ein Tag, an dem sie nicht gut informiert war: Nachrichten waren ihr tägliches Brot. Schon in ihrem alten Leben hatte sie ihre Zeitung – das wichtigste Dokument des Tages – noch im Morgenmantel aus dem Briefkasten gefischt. Eine Gewohnheit, die sie auch als älter gewordene Frau beibehielt. Am Schreibtisch sortierte sie sich aus den Tages-, Wochenzeitungen und Magazinen Seite für Seite, was ihr wichtig und aufhebenswert schien. Die Verwaltungsbeamtin, die in ihr steckte, konnte da richtig aufblühen.

Für die wichtigsten Freundinnen, die beiden erwachsenen Kinder und den Exmann wurden praktische Bürokörbchen eingerichtet. Je nachdem, wen was interessieren könnte, wurden die Artikel und Ausschnitte, Bilder und Karikaturen in diese Körbchen sortiert und später per Post verschickt.

Wie oft hatte auch Cornelia Info-Post dieser Art bekommen. Seltsam, dass es sich anfühlte, als sei das Jahre her. Tatsächlich handelte es sich doch um nur wenige Wochen. Die Gegenwart der unbehausten Wohnung holt sie wieder ein:

Die Kisten der verstorbenen Freundin sind nach Jahreszahlen sortiert. Das scheint Cornelia praktisch zum Erinnern, nicht aber um den Überblick zu behalten über das, was man hat, was man sucht, was man vielleicht noch einmal gebrauchen könnte.

Die älteste Kiste zeigt die Zahl 63. Da muss die Freundin schon verheiratet gewesen sein, hatte ihr Studium zwar abgeschlossen, sich dann aber doch von der Geschichtswissenschaft verabschiedet. Es musste rasch ein Beruf erlernt werden, bei dem sie etwas Geld verdienen konnte. Am besten könnte sie als Grundschullehrerin in dem kleinen Ort beginnen, in dem ihr junger Ehemann sein Referendariat absolviert, dachte sie. Wie sehr sie die Situation mit 33 Kindern in einem Klassenraum einmal fürchten würde, ahnte sie nicht einmal. Noch Jahrzehnte später konnte Rosa in einer Anschaulichkeit über das permanente Gefühl der Überforderung sprechen, als wäre es gestern gewesen.

Eine der alten Postkarten ganz auf dem Boden der Kiste namens »63« gibt Auskunft über einen Schwiegerelternbesuch zu Weihnachten. Es ist seltsam wie sich diese Fundstücke in die Geschichten flechten, die Rosa ihr in den Jahren der Freundschaft anvertraut hat.

Die Schlinge kann sich immer noch ein bisschen enger zuziehen: Rosas Widerwille an Weihnachtstagen war Cornelia hinlänglich bekannt. Weihnachtstage sagten der damals jungen Ehefrau und Lehranfängerin so gut wie gar nichts. Sie schepperten ihr höchstens im Ohr – die schrille Stimme der Schwiegermutter, die Zwischenbemerkungen der Schwägerin. Für die kleinen Kinder fuhr sie allerdings in geradezu soldatischer Selbstdisziplin das gesamte Programm auf. Weihnachten aus dem Bilderbuch. So etwas machte sie sehr gewissenhaft, preußisch akkurat. Da kam die Offizierstochter durch. Später, als sie Cornelia davon erzählte, schüttelte sich Rosa regelrecht, wenn sie sich an diese Würstchen-Kartoffelsalat-Weihnachtsstunden erinnerte. Warum sie die Karte wohl aufgehoben hatte?

Die Kiste mit dem Aufdruck »75« gibt etwas umständlich, aber liebevoll hergestellte Kindersterne preis. Da wohnte die Familie wohl schon in der Großstadt. Rosa hatte den verhassten Lehrerberuf gegen eine Ausbildung bei der Bundesverwaltung eingetauscht. Die Ausbildung kostete zwar zunächst mehr, als sie einbrachte, aber mittlerweile verdiente der Mann schon so viel als Justiziar, dass sein daraus resultierendes Selbstbewusstsein das Familienklima spürbar freundlicher machte.

Er konnte ihr sogar ein Auto schenken, weil sie zur Ausbildung täglich zweimal fast die gesamte Stadt durchfahren musste.

Das wahrscheinlich erste Bild mit Auto und Dame liegt in der Kiste ganz unten. Rosa hatte ihr das Foto schon einmal gezeigt. Cornelia erinnert sich noch deutlicher als ihr lieb ist daran, denn beim Wegpacken damals rutschte der älteren Freundin ein bitterer Halbsatz hinter dem Foto her: »Da hatte er gerade seine erste Affäre begonnen.« Kann man so etwas anders als schweigend kommentieren?

Ob es im Jahr der Kiste »79« auch eine Affäre gab? Ein paar Urlaubsfotos, eine Urkunde über die Teilnahme bei einem Marathonlauf. Der Name von Rosas Sohn steht darauf. Das und noch ein paar andere Details bringt die »79« zum Vorschein. Beim Anblick eines nicht sehr vorteilhaften Fotos fällt Cornelia eine der wenigen Episoden ein, die Rosa aus Kindertagen erzählt hat: »Eure Kleine, ist die so dick oder sieht sie nur so aus?« »Sie ist so dick.« Das war die elterliche Antwort. – Als sie starb, wog sie keine 40 Kilogramm mehr.

Rosas Mann hatte dieser Geschichte noch einen Satz hinzugefügt: »Du bist eben auf raffinierte Weise kompakt.« Das Stigma ihrer Kindertage blieb der Erwachsenen erhalten, zumindest was die Schönheitswerte anging: Ein bisschen zu rund, zu burschikos in der Erscheinung, ein bisschen zu sehr »zweite Wahl«. Auch das Urteil »zweite Wahl« hatte ihr Mann öfter zum Besten gegeben. Sie konnte darüber nur höflich die Mundwinkel ziehen. Kann man einen solchen Makel, denn so fühlte er sich an, durch makellose Umgangsformen ausmerzen? Lange schien das zu helfen. »Korrekte und diskrete Umgangsformen sind mein seelisches Geländer«, hatte sie Cornelia erzählt.

Im Grunde war Rosas Geschichte nicht besonders spektakulär. Ein Dutzendschicksal, könnte man sagen. Aus dem 50er-Jahre-Mief ihres Elternhauses in einer hessischen Kleinstadt hatte sie sich in die freiere Universitätsstadt gerettet. Was den Eros dieser Stadt für sie ausmachte, begriffen damals weder die Mutter noch der Offiziersvater. Viel schienen sie von ihrer Tochter ohnehin nie begriffen zu haben.

Das Studium der Geschichte stieß für sie die Türen weit auf, wenn auch nur die Türen einer Provinzuniversität.

Ihr erster Freund kam aus einer singenden, nicht schlagenden Verbindung; ihr war das egal. Sie interessierten sich für die politischen Hoch- und Tiefpunkte irgendwo zwischen Kaltem Krieg und Prager Frühling. Vereint im Protest gegen die kleingeistig-bigotte Lebenshaltung der Herkunftsfamilien.

Geschichte wie Geschichten; beides verband das junge Paar. 40 Jahre würden sie Zeit haben, um herauszufinden, dass sie sonst nicht viel verbindet. Es war die Zeit, in der man noch heiraten musste, wenn ein Kind erwartet wird. Das taten sie – nicht überstürzt, aber doch zügig.

»Wenn ich 15 Jahre später gelebt hätte, wer weiß, den Kinderpart hätte ich mir wahrscheinlich ersparen können.«

So schlimm?

»Nein, aber zu meinem Glück wäre es nicht notwendig gewesen«, Rosa hatte abgewiegelt, wenn es auf dieses Thema kam. Jedenfalls wäre sie wohl früher aus ihrer Ehe ausgestiegen. Mit all ihren unerwiderten Gefühlen hätte sie sich ohnehin immer gefühlt wie dieser Engländer, der in Geldnot kommt. Er hat nur einen 100-Pfund-Schein und keiner ist in der Nähe, der wechseln kann.

Aber wegen der Kinder müsse man zusammenbleiben, das war Rosas Motto.

Die Tochter suchte gleich mit 18 Jahren das Weite, auch in einer Ehe. Der Sohn, Robert, übernahm die Rolle des Familiensonnenscheins. Seine Talente lebte er in Großbritannien aus. Einen Studienabschluss und eine englische Ehefrau brachte er mit nach Hause.

Beides steckt in der Box namens »89«. Wenn einer für gute Nachrichten sorgen konnte, dann Robert, die Familiensonne. Hätte Inga jemals diesen unvollendeten Brief erhalten. Nach dieser Zeile hätte sie wohl geahnt, dass die gute Nachricht, von der Rosa schreiben wollte, mit Robert zu tun haben musste.

Cornelia steht schon wieder am Schreibtisch und streicht über das Briefpapier mit der vertrauten Schrift. Wie kann jemand gute Nachrichten verfassen, der die ersten vier Wochen Chemotherapie und künstliche Ernährung hinter sich hat? Wie kann jemand, dessen Diagnose lautet »Linderung, nicht Heilung«, gute Nachrichten aufschreiben, in einen Umschlag stecken und verschicken? Rosa konnte das mit dem Mut einer Offizierin, mit Geist und ein bisschen Witz. Und sie interpretierte ihre Diagnose auf ihre Weise: »Wenn ich erst mal wieder runter bin von der Astronautennahrung an der Strippe, dann kann ich auch zu Robert reisen.«

Robert hatte mit seiner Frau im achten Ehejahr einen zweijährigen Jungen adoptiert. Aowen verbrachte die ersten zwei Jahre seines Lebens in einem lieblos durchorganisierten Waisenhaus in Chinas Süden. Kurse an Wochenenden zur Vorbereitung dieser Adoption im Ausland, dann die Reise nach China, zuvor die monatelangen Verhandlungen, erste Anbahnungen mit Foto und Briefen, schließlich das erste Treffen, die Übergabe im Waisenhaus, die erste Nacht gemeinsam in einem Hotel, der Heimflug, all dies wurde detailliert für Freunde, Bekannte und Familie per Internetblog mitgeteilt. An die computerlose Rosa gingen die Adoptionsdetails immer per Post und Telefon.

Die von sich selbst sagte, dass für sie Glück auch ohne Kinder denkbar gewesen wäre, war mehr als euphorisch über jede Neuentwicklung in der Geschichte »Aowen«. Er wurde schon aus der Ferne der ganze Stolz der Großmutter, als die sich Rosa nun entdeckte.

»Wenn ich die Morphiumpflaster nicht mehr brauche und wieder mobiler werde, dann fliege ich zu den dreien.«

Robert liebt seine Mutter zu sehr, und diese Liebe hatte zu viel Taktgefühl, als dass er ihr in diesem Punkt widersprochen hätte.

Wenige Wochen nach der Adoption fuhr darum die junge Familie zu Rosa. Da kannte die neue Großmutter ihre Bauchspeicheldrüsenkrebs-Diagnose schon drei Monate. Noch weitere drei Monate würde sie leben können.

Draußen fielen die ersten Septemberblätter von den Bäumen; die Tage waren warm und golden.

Und Rosa träumte von Weihnachten, von einem gemeinsamen Weihnachtsfest mit Aowen, der aus Gründen der Einfachheit Owen genannt und fast maßlos geliebt wurde. Ausgerechnet Weihnachten? Wie merkwürdig, dass die alten, stickigen Weihnachtserinnerungen wie weggefegt schienen, so muss sich Cornelia im Nachhinein immer noch wundern. Mit Owen sollte es anders werden.

Robert hatte zuerst die Idee. Keiner konnte wissen, ob Rosa den Heiligen Abend noch erleben würde. Laut sagte er damals: »Falls du dich am 24. Dezember schlechter fühlen solltest als heute: Lass uns doch jetzt Weihnachten feiern – für dich, für Owen, für uns alle.«

Gesagt, getan: Die Weihnachtskiste wurde aus der Abstellkammer geholt, ein Bäumchen im Topf besorgt, der Exmann eingeladen. Auch er hatte ja einen neuen Enkel ... »Aber bitte keine Pute auf die Festtafel«, kommentierte er die Einladung. Auch Cornelia war als gute Freundin eingeladen.

Das Weihnachtsoratorium wurde aufgelegt, Geschenke gekauft. Rosa bekam einen neuen DVD-Player. Da sie sich derzeit »ein bisschen weniger bewegen« könne, kaum noch ins heiß geliebte Theater, ins Kabarett und ins Café käme, wäre das doch eine gute »Überbrückung«.

Owen war hingerissen vom Ritual mit dem Glöckchen, von den Holzengelchen – und alle Erwachsenen im Raum waren hingerissen von Owen. Draußen ging die Sonne unter, die Lichter wurden angesteckt, Weihnachtsfotos von Robert und seiner Schwester gezeigt. Rosa strahlte. Sie bat um Entschuldigung, dass sie nichts essen könne.

Allen war klar, wie unwahrscheinlich es sein würde, dass Rosa noch einmal Weihnachten feiern könnte. Es war ein letztes Mal. Weihnachten im September. Nur zwei Monate liegt das zurück. Cornelia sieht sie alle noch um den großen Tisch am Fenster sitzen.

Aber jetzt in der Dämmerung des Adventssonntags gespenstert Cornelias Erinnerung über die schon verwaisten Möbel im Raum. »Die gute Nachricht zuerst: Ein Kind ist Teil unserer Familie und stellt alles und alle auf den Kopf.«

Das wäre die nächste Briefzeile gewesen. Rosa wird danach keinen einzigen Brief mehr geschrieben haben ...

Zu Hause konnte sie nicht mehr lange bleiben. Ende Oktober wurde sie zur Notaufnahme ins Krankenhaus gefahren.

Als Cornelia die SMS-Nachricht aus dem Hospiz erhielt, waren alle Blätter von den Bäumen gefegt. Der November hatte sich gerade von seiner grausigen Seite gezeigt. Noch im Hospiz sagte Rosa, sie wolle nur ein bisschen »aufgepäppelt werden«. Aber die Nachricht »Rosa hat es geschafft« meinte nicht, dass sie wieder »aufgepäppelt« war.

Die gute Nachricht zuerst? Daran, dass Rosa »es geschafft hatte«, konnte Cornelia nichts Gutes mehr erkennen. Hatte die Freundin doch gerade erst begonnen, ihr Leben für sich zu gewinnen, es selbst zu gestalten. Und dann streicht der eigene Körper ihr diese Lebensliebe durch! Obwohl – das stimmt nicht, er hat es nicht ganz geschafft, der Körper. Geliebt hatte Rosa ihr Leben bis zum Schluss, auch wenn die Organe sie im Stich ließen – mit 62 Jahren.

Der erste Schnee beginnt zu fallen. Die Schneeflocken erreichen das Fenster des achten Stockwerks und Cornelia möchte ihrer toten Freundin noch ein letztes Mal widersprechen: »Ein Leben lässt sich nicht in Schachteln wegsortieren und entsorgen, Rosa!« Bleibt nur die Frage: Welche Erinnerungsstücke gehören wohin?

»Die gute Nachricht zuerst.« Diese Nachricht auf den leeren Zeilen des Briefpapiers. Hoffentlich war es Rosas Lieblingsgedanke. Daran jedenfalls möchte sich Cornelia von nun an erinnern, wenn sie sich an Rosa erinnert. Und sie packt den Lieblingsgedanken in eine Kiste ohne Jahreszahl und malt ein »Unendlich«-Zeichen darauf.

Nachkommen

Dann öffneten sie ihre Schätze.

Matthäus 2,11

In der höchsten Etage des Hochzeitshauses – über den Dächern der Stadt – wird auf mehreren 100 Quadratmetern das Tanzen zwar nicht im Crashkurs, aber doch ziemlich fix geübt. Jede Woche ein neuer Tanz, damit die Paare nach ein paar Monaten tatsächlich nicht nur anständig heiraten, sondern ihren Gästen auch einen ordentlichen Paartanz präsentieren können. Zwischen den jüngeren einerseits und nicht mehr ganz so taufrischen Brautpaar-Tanzschülern andererseits ist auch ein Paar, dass dreimal so alt sein könnte wie die Mehrzahl der Besucher. Sie sind nicht besonders elegant, eher sehr bescheiden gekleidet, aber sie sehen so aus, als hätten sie sich sehr genau überlegt, was sie an diesen Tanzstunden-Abenden tragen könnten.

Das weiße kurze Haar, sowohl bei ihm als auch bei ihr, ist ordentlich gekämmt und geschnitten. Er hält sie auch in den Tanzpausen vorsichtig an der Hand, als könne sie umfallen, wenn er nicht in Handkontakt ist. Schüchtern und zurückhaltend bleiben sie während der gesamten Zeit. Unübersehbar unsicher werden sie, wenn schnelle Rhythmen schnelle Schritte abverlangen. Manchmal reden sie ein bisschen plattdeutsch miteinander. Es ist rasch klar, dass sie beide irgendwo von der Küste stammen. »Da ist man nicht so schnell«, lächelt sie ein bisschen verlegen, wenn sie vereint und unfreiwillig den Lehrbetrieb aufhalten. Sie sind keines der Paare, die jede Szene ihrer bevorstehenden Hochzeit vorbereiten wie ein Drehbuch, das monatelang entworfen werden muss. Die beiden Älteren sind aus anderen Gründen hier. Und sie bemühen sich, wenn auch ein bisschen umständlich, mit den anderen Tänzern mitzuhalten. Tapfer lassen sie sich duzen, wie es alle hier tun: Wilhelm und Barbara.

Sie haben den größten Teil ihres Lebens gelebt. Jetzt

scheinen sie jede Minute zur Kostbarkeit zu machen. Stilles Glück im Herbst.

Erst viel später sollte klar werden, welche Geschichte sie mit- und ohneeinander geschrieben hatten.

Das erste Mal begegneten Wilhelm und Barbara sich schon als Kinder: auf einem kleinen Schulhof des Städtchens Anklam. Kriegstage waren es – eine denkbar ungünstige Zeit für zarte Freundschaftsversuche. So verloren sich beide aus den Augen, noch ehe sie sich richtig gefunden hatten.

Erst drei Jahre nach Kriegsende sind sowohl Wilhelm als auch Barbara, damals 17- und 16-jährig, mehr zufällig als geplant bei einer Chorfahrt dabei; sie singen – gegen den Mangel, gegen die Trostlosigkeit, gegen all den Schutt, der noch auf den Straßen ihrer Heimatstadt Anklam liegt. Die Proben für das erste Weihnachtskonzert nach langer Kriegspause beginnen in der einzig erhaltenen gotischen Backsteinkirche am Ort. Es wird den ganzen Tag gesungen, geübt in kleineren und größeren Gruppen. Abends wird getanzt, heimlich, und nur dann, wenn der einzig verfügbare Radiosender ein bisschen Tanzmusik bringt. Der Chorleiter sieht es natürlich nicht gern, wenn die jungen Sänger und Sängerinnen mitten in der Adventszeit, die doch eine stille Zeit sein soll, tanzen. Ob er den Hunger der jungen Leute nach Leben, nach Unbeschwertheit und leichteren Takten ahnt?

Auch die beiden, Barbara und Wilhelm, tanzen immer wieder mal zusammen. »Selbst die Engel haben doch getanzt an Heiligabend!« Das hatte Wilhelm gleich mehr als einmal dem Chorleiter erwidert, wenn der mit verzogener Miene mahnte: »Nicht so laut.«

Aber Wilhelms Überzeugung blieb nun mal die: Wenn die Engel damals in stockdusterer Nacht über den Hirtenfeldern schon getanzt hatten, dann dürften die Chorsänger das doch wohl auch … Und eigentlich seien doch die Engel nur von den Hirten überrascht worden, weil die Himmelsboten zu nah über der Erde getanzt hätten. Wer weiß, wahrscheinlich hätten die Engel auch ein bisschen zu laut gesungen. Wie anders bekommt man sonst schlafende Hirten mitten in der Nacht wach? Barbara hat schon damals kein Wort von dem, was Wilhelm sagte, geglaubt. Aber kam es darauf an?

Barbara und Wilhelm waren jedenfalls begeistert von diesen Tagen ohne die üblichen Verpflichtungen. Sie freuten sich auf das erste größere Weihnachtskonzert in dem ansonsten so still gewordenen und kriegszerstörten Nest, das mal ein ansehnliches Städtchen war. Sie verliebten sich und wussten nicht, wie alles weitergehen würde: Denn Wilhelms Familie beschloss, weiter in den Westen zu ziehen.

In dem versehrten Ort an der Peene gab es für so viele kein Bleiben. Wieder wurden Männer abgeholt und verschwanden mit unbekanntem Ziel. Wieder musste man Angst haben, die falschen Worte könnten einem aus dem Mund schlüpfen … Wilhelms Eltern hatten die letzten Habseligkeiten schon verteilt – unter der Hand, damit nicht die falschen Nachbarn Wind davon bekamen, was geplant war. Die Eltern und sechs Geschwister von Wilhelm mussten einzeln und nacheinander, auf jeden Fall aber getrennt fahren, damit wirklich kein Nachbar Verdacht schöpfte. Das Weihnachtskonzert würde ohne den schwer verliebten 17-jährigen stattfinden, aber das wusste in den Minuten vor Konzertbeginn nur er, noch nicht einmal seine erste Freundin, geschweige denn der Chorleiter.

»Ich komme nach …«, flüsterte sie nach dem Konzert in der vollen, dämmrigen Kirche. Der leere Platz bei den Männerstimmen hatte ihr das Singen vergällt. Sie hatte sofort begriffen, er fehlt nicht einfach so. Schon musste er unterwegs sein. Sonst war Barbara wirklich nicht eine der Schnellsten und Hellsten, aber hier standen ihr die Dinge klarer vor Augen, als ihr lieb war.

»Ich kann doch auch eine Ausbildung im Westen machen; wir werden uns dort treffen. Bis dahin halten wir Kontakt.« Das hätte sie ihm gern noch gesagt. Dazu war keine Gelegenheit mehr.

Natürlich war sie damals nicht nachgekommen. Wohin auch hätte sie kommen sollen? Es gab keinen einzigen Brief oder Anruf mehr. Natürlich hatten ihr der Mut und die Unterstützung der Eltern für das Kofferpacken gefehlt. Natürlich hatte der Pragmatismus irgendwie gesiegt und auch ihre Sehnsucht irgendwann eingeschläfert. Natürlich hatte sie sich eingerichtet in der beschaulichen Welt der DDR, in der man besser nicht zu viel von dem befragte, was über die alltäglichen Sorgen hinauslangte. Weihnachtskonzerte hat sie – zumindest selbst singend – nicht mehr besucht.

Wie beiläufig schien es sich ergeben zu haben, dass sie einen anderen Mann kennen lernte, heiratete und Kinder bekam, ihren Beruf nicht mochte und schließlich 15 Jahre vor dem Ruhestand ihren allerletzten Arbeitstag hatte. Dann war der Betrieb in Anklam dicht, und Barbara fühlte sich alt und nutzlos; verwitwet war sie ohnehin schon seit kurzem. Sie nahm es hin und kümmerte sich um ihre Enkel. Die wohnten mittlerweile in der großen Stadt Berlin – drei Stunden Fahrtzeit entfernt. Irgendwann waren diese Enkel der willkommene Grund, die kleine Stadt zu verlassen und nach Berlin zu ziehen. Nach 62 Jahren wandte sie dem Ort an der Peene das erste Mal den Rücken zu.

Die Enkel brauchten sie allerdings dann doch nicht so, wie sie sich das vorgestellt hatte. Also begann sie, die Zeit mit Briefen zu füllen, die sie an alte Freundinnen in Anklam schickte. Hin und wieder fuhr sie dorthin und brachte das Grab von Eltern und Mann in Ordnung, lief an der alten Wohnung vorbei, traf mal die eine oder andere ehemalige Nachbarin. Eine von ihnen erzählte ihr, dass Wilhelm zu Besuch gewesen war. Nach mehr als einem halben Leben!

Wilhelm hatte damals ebenfalls geheiratet. Aber nach dem Tod seiner Frau wollte er doch wissen, ob sein altes Anklam noch irgendwas in ihm zum Klingen bringen würde, was vielleicht noch beim Alten war und was bis zur Unkenntlichkeit verändert.

»Einer von denen, die damals verschwunden sind Richtung Westen«, sagte die gesprächsfreudige Nachbarin. Na klar erinnerte sich die aus Berlin angereiste Barbara, wer Wilhelm war, ihr Wilhelm. »Er hat sich hier eine kleine Wohnung gekauft und will öfter kommen«, wusste die Nachbarin zu erzählen, als Barbara das nächste Mal zu Besuch in Anklam war. »Und er hat sich nach dir erkundigt.«

Barbara begann, über ihren Forscherdrang zu staunen, fand aber seine Adresse heraus, schickte ihm einen kurzen Brief, nicht ohne ihm ein taschentuchgroßes Foto mit schwarzen und weißen Konturen in den Briefumschlag zu legen: Ein Foto von der einzigen Chorfahrt, die sie zusammen erlebt hatten. Man erkennt darauf seine freundliche Augenpartie, als ob er lächelt, selbst wenn es nichts zu lächeln gibt. Wie er jetzt wohl aussah, der Wilhelm?

Noch mehr staunte Barbara, als sie Post von Wilhelm bekam. Er schlug ein Treffen in Berlin oder Anklam vor. Überallhin würde er jedenfalls kommen und gern mit ihr über die Zeiten auf dem Foto sprechen.

Barbara lädt Wilhelm nach Berlin ein, zum Konzert in die Philharmonie. Sie freut sich auf die Cantate pour le temps de Noel und das Christus-Fragment aus Mendelssohns letztem Lebensjahr. Ihre Vorfreude auf Wilhelm ist vielfach größer. Als er da ist, auf dem Bahnsteig steht, da tauchen sie beide ab in eine andere Zeit. Eine »Festzeit« beginnt. Was ihnen an Lebenszeit abgelaufen ist, können sie mit einem Mal anhalten, anders takten. Sie gehen noch einmal durch jeden Moment von damals, die Fahrt, das Singen, Abende im erbärmlich sparsam beleuchteten Anklam. Darüber vergessen sie die Konzertkarten und werden es später nicht einen Moment bedauern.

Für diesen Tag und für viele andere Tage, die nun noch kommen sollen, haben sie eine andere Gegenwart gefunden. Sie pendeln fortan zwischen diesen Zeiten sowie zwischen

Anklam und Berlin hin und her. Einen Winter, einen Frühling, einen Sommer, einen Herbst. Der Donnerstagabend ist immer reserviert fürs Tanzen in Berlin, weil ihnen das Singen in einer Seniorenkantorei nicht so recht einleuchten will.

In den eisigen Tagen zwischen drittem und viertem Advent wollen sie eine kleine Erinnerungsreise dorthin starten, wo einmal das Ziel ihrer Chorfahrt lag: Heringsdorf. Es ist wirklich keine große Strecke, schon gar nicht mit dem Auto. Sie machen bestimmt einen etwas wunderlichen Eindruck, als sie aus dem Auto steigen, Hand in Hand jeden Türeingang, jedes Straßenschild und jede Eisblume kommentierend. Dieses alt gewordene Pärchen auf Liebespilgerschaft.

Sie können ihr Glück darüber kaum fassen, was ihnen zusammen alles wieder einfällt, was sie an Bruchstücken der Vergangenheit zusammentragen können, weil sich eben zwei erinnern. Nichts Schlechtes können sie daran erkennen, noch nicht einmal an der Tatsache, dass damals über Nacht zerrissen war, was noch wunderbar hätte werden können: ein reales Leben zu zweit.

Auf der Rückfahrt ist seine rechte Hand in Barbaras Hand und die linke am Lenkrad. Wahrscheinlich hätten auch zwei Hände am Lenkrad das Rutschen des Autos über die eisige Straße nicht verhindern können. Nachdem es sich einmal überschlagen hat, halten andere Autofahrer an. Die Quetschungen und die Kopfverletzung bei Wilhelm sind so stark, dass er in die Rostocker Klinik geflogen werden muss. Binnen Minuten ist der Hubschrauber da. Barbara darf nicht mitfliegen. Ihre Schnittverletzungen müssen erst einmal versorgt werden, gleich hier.

»Ich komme nach …«, sagt sie zu Wilhelm und kann gar nicht anders als zu glauben, dass er, so bewusstlos wie er ist, irgendwie vernimmt, was sie verspricht.

Ewigkeiten später kommt sie dann doch noch im Rostocker Krankenhaus an. Man gibt sich nicht viel Mühe damit, ihr mitzuteilen, dass Wilhelm mal wieder einen Schritt weiter gegangen ist. Wieder einmal vorausgegangen, ohne es vorher sagen zu können. Auch dieses Mal hatte er keine Gelegenheit mehr gefunden. Dennoch darf sie ihn sehen und sich von ihm verabschieden. In einem stillen Raum liegt er bis unter das Kinn mit einem weißen Tuch zugedeckt. Die freundlichen Augen sind geschlossen, und sein Gesicht erzählt, dass er nun wirklich keine Schmerzen mehr hat.

»Ich komme nach ...«

Während der Weihnachtstage blieb Barbara in den zwei Zimmern ihrer Berliner Wohnung allein. Ohne Licht, am liebsten im Dunkeln. So hat sie es später erzählt, wieder und wieder. Erst mithilfe der Dunkelheit hätte sie wie von allein rutschen können in diese andere Zeit, die sie mit ihm zu erkunden begonnen hatte. Bilder entstanden, die ihr beim Trauern halfen: Gemeinsam mit Wilhelm deckt sie den Tisch nur für sie beide; und zusammen freuen sie sich an dem, was sie in der Küche so fertiggebracht haben; gemeinsam bewundern sie die Zweige vor dem Fenster, die eingetroffene Weihnachtspost auf dem leicht verkramten Sekretär, die Stille auf der Straße. Ab und an wechseln sie ein paar Worte in platt.

Er erzählt noch einmal die Geschichte von den Engeln, die eigentlich von den Hirten nur überrascht worden waren, als sie zu nah über der Erde getanzt hatten. Barbara freut sich wie beim ersten Hören über die Tatsache, dass die zu laut gesungen und getanzt und die Hirten damit nur zufällig wachgemacht hatten. Genau so hätte es ja gewesen sein können. Genau so!

Zwei Wochen später ist das Weihnachtsfest Schnee von gestern. Die Stadt bekommt wieder ihr altes Tempo. Die Weihnachtsdekoration auch im Tanzsaal über den Dächern der Stadt ist schon wieder in Kisten verpackt. Die Weihnachtspause restlos vorbei, und die meisten scheinen froh, wieder im alltäglichen Rhythmus angekommen zu sein. Die Tanzlehrerin bemüht sich um eine gelöste Stimmung und dreht den Cha-cha-cha so richtig auf, als Bärbel die

Glastür zum Saal öffnet – allein. Niemand im Saal scheint zu begreifen, wovon Barbara spricht, als sie vom Unfall erzählt. Wer will nun noch einen Cha-cha-cha? Die Worte fehlen. Wer will Barbara etwas sagen, das nicht in Peinlichkeit abrutscht? Warum ist sie überhaupt noch einmal gekommen? Sie scheint es selbst nicht so richtig zu wissen.

Soll man also auf die Tanzeinheit verzichten, für heute Abend alles beenden? Die Tanzlehrerin kommt nicht umhin, das zumindest anzubieten. In diesem Moment weiß Barbara plötzlich genau, was sie will: »Wilhelm hätte gern heute mitgetanzt. Also tanzt. Mir zuliebe.« Fast dreht sie sich um, als wolle sie gehen … Die Tanzlehrerin, insgeheim erleichtert über das Ende dieses unkalkulierbaren Moments, dreht die Musik wieder hoch. Was sie dann entscheidet, ist die Sache einer Sekunde: Sie fordert Barbara zum Tanz – einen letzten, für Wilhelm. Barbara hätte ablehnen können, eine kleine Geste hätte genügt. Aber sie lässt sich an die Hand nehmen, noch einmal – und stellt fest: Tanzen tröstet.

Warten in Philadelphia

Der Engel kam zu ihr hinein und sprach:
Sei gegrüßet, du Begnadete!
Der Herr sei mit dir!
Sie aber erschrak über die Rede und dachte:
Welch ein Gruß ist das?
Lukas 1,28.29

Wenn die Sehnsucht wieder mal herankriecht, fahre ich an einen Flughafen, irgendeinen, und warte ein bisschen. Vielleicht kommt er ja plötzlich durch diese lautlos wie von Geisterhand bewegten Türen – mit einem Spruch auf den Lippen: »Tut mir Leid, es hat etwas gedauert. Du kannst dir ja nicht vorstellen, was da oben los ist. Luft-Stau.« Und dann küsst er mich, und wir machen uns ein bisschen lustig über die gehetzten Mitreisenden, die sich so viel Mühe geben, auch nach einem Interkontinentalflug noch makellos auszusehen. Wir ziehen schließlich los, irgendwohin, wo es auf Zeit nicht mehr ankommt.

Der letzte Kuss war ein Flughafenkuss. Da steh ich mit einem Stipendium, einem Flugticket, Übergepäck in Form von Büchern, einem Wintermantel mitten im August und warte auf den Abflug Richtung Amerika. Philadelphia. Ein Jahr, vielleicht auch mehr.

Für das Kind war Philadelphia ein Sehnsuchtswort. Sommer für Sommer im selben Brandenburger Dorf in den Ferien, war es täglich am Dorfschild mit dem Aufdruck »Philadelphia« vorbeigeradelt – weit vor den Toren der ziemlich trostlosen Hauptstadt der DDR. Das Nest »Philadelphia« hatte rund 250 Einwohner, einen gesperrten See, in dem kein Fisch überleben wollte, und jede Menge Felder der Landwirtschaftlichen Produktionsgenossenschaft. In unmittelbarer Nachbarschaft befand sich Boston. Mindestens ebenso exotisch wie Philadelphia, was den Namen betrifft. Beide Dörfer, oder besser: märkische Hausansammlungen, hatten mit Amerika so viel zu tun, wie die Hallorenkugel mit einer

Kokosnuss. Die Hallorenkugel, hergestellt in volkseigenen Süßwarenfabriken, schmeckte ungefähr so verheißungsvoll wie sie hieß. Für die Kokosnuss brauchte es Fantasie.

Einmal die richtige Kokosnuss schmecken, einmal das richtige Philadelphia sehen; ganz zu schweigen von dem Traum, tatsächlich dort einmal leben zu können. Einmal diese Häuser sehen, die tatsächlich an den Wolken kratzen und nicht am märkischen Sand …

Drei Jahre nach dem Einzug der Freiheit ins Brandenburgische halte ich meine Zusage aus Philadelphia in der Hand. »Philly«, die Stadt, die dich angeblich zurückliebt, ich komme! Jetzt werde ich sehen, ob das stimmt.

Die vergangenen zwölf Monate hatte ich Bewerbungen und Briefe geschrieben, Tests absolviert, einen irgendwie guten Eindruck bei den Auswahlgesprächen abgegeben, Englisch gelernt. Und jetzt ist es amtlich. Ich kann nicht mehr zurück. Aber genau das würde ich gern. Der Grund dafür steht neben mir am Gate: Jakob. Er bleibt auf dem Boden, während ich mich gleich Richtung amerikanische Ostküste fliegen lasse.

Dabei hatten wir es gemeinsam geplant: Freiheit dort erleben, wo sie angeblich ihre Wiege hat, studieren, und zwar eine Stadt, ein ganzes Land, einen Kontinent. Das war unser gemeinsamer Traum, aber nur ich hatte es geschafft.

»Und du bist nicht beleidigt?«, frage ich kleinlaut.

»Sag mal, spinnst du? Du hast das Stipendium bekommen; du hast dich doch angestrengt. Und jetzt mach was draus, du Angsthase!«

Für viele Monate allein in der Stadt der Geschwisterliebe: Philadelphia. Von wegen Geschwisterliebe. Mit einer Kriminalität hat die Stadt zu kämpfen, die ich bis dahin noch nicht mal von fern kennen gelernt habe. Was das heißt, erfahre ich – und zwar ungefähr 20 Stunden nach meiner Ankunft auf dem Boden Nordamerikas. »Wenn Sie angegriffen werden, geben Sie besser Ihre Geldtasche heraus. Sie können nicht wissen, ob der Räuber Schusswaffen gebraucht. Tragen Sie nie Geld in der Handtasche, es sei denn, Sie brauchen es wirklich. Lassen Sie sich nicht ansprechen in Regionen der Stadt, die Ihnen nicht bekannt sind.« Was sicher machen soll, produziert Angst.

Aber von all dem weiß ich noch nichts, als ich ins Flugzeug zunächst Richtung Frankfurt steige.

Erst hier darf ich Jakobs Brief öffnen: »... im International Student Office wartet ein Päckchen auf dich.«

Päckchen? Es entpuppt sich als ein ganzes Paket: Sorgfältig verpackt sind darin gleich vier Adventskalender: Einer von denen, die man für vier oder fünf D-Mark schon gefüllt kaufen konnte, einer besteht aus lauter Minisocken und zwei stecken in kitschig-gold lackierten Kästchen. Sie sind aller vorweihnachtlichen Symbole, die man auf Adventskalendern erwartet, entkleidet. Engelchen und Weihnachtsmänner sind überklebt, stattdessen finden sich diese typischen Jakob-Skizzen, Männchen, die auf einer riesigen Freiheitsglocke herumturnen, Sprüche im Logo eines berühmten Frischkäseherstellers geschrieben. »Jeden Tag ein Türchen, bis wir uns wiedersehen. Sie reichen genau, ich habe es durchgezählt. Und freu dich nicht zu früh: Hinter keiner Tür und in keinem Söckchen gibt es Schokolade. Ich will dich ja im Dezember noch wiedererkennen ...« Was für eine charmante Gebrauchsanweisung für diese Kalenderinstallation des Kunststudenten Jakob M. im fünften Semester.

Also öffne ich gleich am ersten Tag mein Türchen und habe wieder dieses magische Gefühl aus Kindertagen: Wer weiß? Wenn ich alle Türchen sofort aufmache, verfliegt die Zeit vielleicht doch schneller ... Die Enttäuschung der Fünfjährigen war natürlich groß. Und die Tage des Wartens hatten – nach dem Generalüberfall auf den gesamten Adventskalender – angesichts der Türchen, hinter denen nur Leere wartete, etwas Zähes, ja Schleppendes. An das leere Gefühl nach der Fülle im Bauch erinnere ich mich noch gut – und lass es bleiben mit dem Generalüberfall. In Ordnung, Jakob, jeden Tag ein Türchen. Irgendwann Mitte Oktober kommen die Söckchen ran. Und Anfang Dezember, wenn die Tage so kurz sind, dass man gar nicht mehr weiß, wie sich Sonnenlicht auf amerikanischen Hausdächern machen könnte, bin ich bei den goldglänzenden Kästchen angekommen.

Und wirklich, es gibt nie Schokolade – immer etwas für das Herz oder den Kopf. Etwas, was mich lächeln lässt oder die Verzagte vor die Tür schubst. Deine Stadterkundungs-Aufträge etwa trösten mich über die Tatsache hinweg, Philadelphia zunächst allein entdecken zu müssen. »Such doch mal das Geburtshaus von Grace Kelly. Gibt's das überhaupt noch?«; oder: »Lässt es sich gut einkaufen in Germantown? – Probier es mal aus.«

Meine Berichterstattung über Post und Telefon ist kostspielig. Kein Stipendium der Welt sieht Telefonrechnungen in dreistelliger Höhe vor. »Heute schon Schüsse gehört in in North-Philly?«, war meist die Begrüßung am Telefon.

Hin und wieder überlebt es sich nämlich nicht gut in diesem Teil der Stadt. Ich bin eindeutig weiße Minderheit, lebe mit sechs anderen Studentinnen in einem Haus, das vor vielleicht 50 Jahren mal besser in Form war. Die zugigen Fenster mit Plastikfolie verklebt, die Heizung nur dann brauchbar, wenn es keinen Ostwind gibt. Ich habe mich daran gewöhnt, dir meine Briefe im wärmenden Schlafsack sitzend oder aus der Bibliothek zu schreiben, Jakob. Der Vorgarten bietet immer wieder Männern Schutz, denen es an besseren Unterkünften mangelt. Sie sitzen dann zwischen Gehweg und Verandatür und jagen mir in der Dunkelheit einen Riesenschrecken ein.

Meine Philadelphia-Sympathie wird zum Philadelphia-Blues: ein Sicherheitstraining nach dem anderen für die Auslandsstudenten, und die Polizei, die auf Wunsch jeden Studenten abends freundlich vom Campus an die U-Bahn-

Station begleitet. Das lässt mich ernsthaft an der Freiheit zweifeln.

»Du übertreibst! Geh doch in bessere Gegenden und jammer mal nicht so viel …« Soweit also dein Kommentar aus Übersee. Nicht jeden Kilometer unserer Distanz können wir überbrücken. Unausgesprochenes, Ungeteiltes bleibt in den teuren Telefonleitungen hängen.

Anfang September vergesse ich einmal ein Türchen zu öffnen. Gründe gibt es dafür viele, eine plausible Erklärung eigentlich nicht. Ablenkungen, Universitätsalltag, die eine oder andere viel zu interessante Einladung ins Philadelphia Orchestra mit Wolfgang Sawallisch am Pult – oder ins Kino.

Nach Thanksgiving weiß ich ganz genau: Wenn wir uns erst wiedersehen, wirst du begeistert sein, von der Stadt, dem Haus, der Universität, von mir sowieso. Und dann wird's Weihnachten – in Amerika früher als in Deutschland. Während zu Hause noch die Gräber abgedeckt werden am Ewigkeitssonntag, gibt es hier schon längst einen Christmas Market neben dem nächsten.

Es werden immer weniger Türchen. Dein Besuch ist fast zum Greifen nah. Ich freue mich. All deine Notizen, Forschungsaufträge, Bildchen und Zeichnungen zieren die blauen Wände meines Zimmers.

Diese Zeichnungen habe ich auch vor Augen, als die Frau am Telefon sagt, dass du nicht nach Philadelphia kommen wirst. Deine Mutter. Sie weint. Ein Aufprall zweier Autos in einer der Brandenburger Alleen. Kein Mensch hätte das auch nur annähernd heil überstanden. Du warst sofort tot.

»Ain't no angel gonna greet me – kein Engel grüßt mich«, singt Bruce Springsteen zu den Filmszenen von »Philadelphia« – und erhält dafür 1994 einen Oscar. In diesem Spielfilm über den Kampf eines aidskranken Mannes gegen seine Ausgrenzung hat das Sterben länger gedauert.

Hätten wir das gedacht, Jakob? Als wir im Sommer 1988

in Staub und Julisonne vor einer Ostberliner Riesenbühne Stunden auf diesen Springsteen gewartet hatten, um dann das Größte zu erleben, was du dir je vorstellen konntest: ein Konzert mit ihm, deinem Idol, festgenagelt in zig Fotovarianten an den Wänden deines Zimmers.

Wir hatten keinen Platz in der Menge und erst recht keine Luft. Aber wir tanzten mit völlig verdreckten Staubfüßen. »Glory days« hat er dazu gesungen – dass sie es tatsächlich waren, haben wir im Sommer 1988 nicht gewusst, noch nicht. Vielleicht wurden sie auch nur noch ein bisschen glänzender im Rückblick.

»Kein Engel grüßt mich« – Springsteens Stimme dann 1993, nur wenige Jahre später in dem Film zur Stadt der »brotherly love«. Im Jahr deines Todes. Springsteen und dieses Lied sind für mich eins. Nie wird es jemand besser, unerlöster, trauriger und sehnsuchtsvoller singen als dein Idol, Jakob. Da bin ich sicher.

Ich habe nach dem Anruf deiner Mutter Blei in den Füßen. Da bleibt es lange und wandert schließlich ins Herz und in den Kopf. Alles bleiern. Zu müde bin ich, um weiter zu studieren, zu träge, zu apathisch, um etwas zu beginnen. Und dann kommt Weihnachten.

Maria, die schwangere Frau, hat abgesehen von dem poetischen Loblied, das ihr in den Mund gelegt worden ist, nicht viel Text in der Geburtsgeschichte ihres Sohnes. Aber für den Engel hat sie doch tatsächlich eine Antwort. Sie ist nicht sprachlos vor Überwältigung, als er sich ihr nähert: *Sie* wird gegrüßt, von einem Engel! »Welch ein Gruß ist das?«, fragt Maria. Mich grüßte kein Engel. Dabei hätte ich ein Signal des Lebens so dringend gebraucht.

Aber grüßen Engel überhaupt, wenn sie in der Wirklichkeit, auf die wir festgenagelt sind, doch nichts ändern können? Wahrscheinlich wagen sie es einfach nicht, sich einzumischen, tun so, als seien sie nicht da. Vermissen kann man sie ja trotzdem, wenn sie sich so im Hintergrund halten, dass man nicht mal ihre Grüße hört.

Die letzte deiner kleinen Schachteln habe ich nicht mehr aufgemacht. Sie bleibt verschlossen. Ich habe sie in einer der Kisten vergraben, die nun schon seit fast 20 Jahren mit mir umziehen. Aber wer weiß? Vielleicht wird diese Schachtel doch noch einmal zur Tür, hinter der noch alles möglich werden kann. Vielleicht geschieht ein Wunder – nach meinen Vorstellungen? Du hättest etwas dagegen, glaube ich. Ausgerechnet du hast mir mit der Überzeugtheit eines angehenden Künstlers gesagt: »Rechne statt mit Gott doch mal lieber mit den schönen Dingen des Lebens …« – und dann stirbst du einfach im Advent?

Sich trösten lassen heißt, die Welt auch wieder mit anderen Augen sehen lernen. Was ich mit anderen Augen sehen lerne, jeden Tag, das lässt auch mich zu einer anderen werden. Die Jahre, die in mich hineingelangen, aufs Gesicht, auf Hände, Haare, Herz. Du kennst diese Jahre nicht. Du kennst nicht das Gefühl, mit Ende 30 einzusehen: Es stimmt nicht, dass man keinen Fehler ein zweites Mal machen wird. Ich mache Fehler, und manche davon wiederholen sich tatsächlich. Es ist nicht die einzige Einsicht, die an dir vorbeigegangen ist. Aber eins hast du mir voraus. Tu nicht so, als ob du nichts davon wüsstest, Jakob: Du weißt, wie es ist, wenn die Engel grüßen.

Das Ende von Weihnachten

> *Die Hirten kehrten zurück,*
> *priesen und lobten Gott für alles,*
> *was sie gehört und gesehen hatten,*
> *so wie es ihnen gesagt worden war.*
> Lukas 2,20

Er hat noch eine Stunde. Eine Stunde, bevor er die Drillinge von der Schule abholen muss. Die drei kommen gut zurecht in ihrem ersten Schulhalbjahr. Sie haben Freunde, sie bringen jeden Tag neue Ideen mit, und sie haben sich gegenseitig – falls mal was schiefgehen sollte zwischen Klassenzimmer, Hof und Mensa. Über das Gesicht des nicht mehr ganz so jungen Vaters huscht ein zufriedenes Lächeln. Wie immer, wenn die Gedanken zu seinen Mädchen spazieren. In diesem Jahr werden alle drei zum ersten Mal beim Krippenspiel dabei sein – als Räuber. Das passt eigentlich ganz gut zu seinen Milchzahnmädchen mit den ewig auf dem Kopf herumrutschenden Mützen und den wuscheligen Haaren. Nur ab und an schimmert schon die Grazie der Mutter in den zarten Mädchen auf – selbst im Räuberkostüm.

Was die Räuber an der Krippe anbelangt, hat sich das Krippenspiel-»Drehbuch« nicht ganz so eng an die biblischen Vorgaben gehalten. Macht ja nichts. Diese Art von künstlerischer Freiheit kennt der Vater schon von den Dreharbeiten seiner Frau an all den schönen und exotischen Plätzen dieser Welt. Seit die Drillinge da sind, war das Reisen schwerer geworden. Seit sechs Jahren sind eben andere Dinge wichtiger. Und er blieb gern bei den eigentlich wichtigen Dingen des Lebens – bei der Versorgung und Erziehung seiner Kinder.

Noch eine Stunde! Die braucht er jetzt, um die allerwichtigsten Sachen für die nächste Krippenspielprobe gleich im Anschluss an die Schule zusammenzusuchen und um noch mindestens zwei Telefonate zu erledigen. Eine der beiden Telefonnummern ist immer noch nicht eingespeichert. Es ist die des Vermieters. Wo kann die nur sein? Wenn seine sich perfekt gebende Frau da wäre, würde sie mit einem Handgriff wissen, wo zu suchen wäre. Und sie würde nebenbei etwas Spitzes bemerken über das Chaos ihres ansonsten so sortierten Mannes. Aber die Frau des Hauses ist schon wieder unterwegs. Der nächste Dreh in Patagonien beginnt in zwei Tagen. Letzte Einkäufe will sie noch machen, morgen fliegen und zum Glück vor Heiligabend wieder zurück sein. Sie muss doch mitfeiern, wie sich ihre drei Mädchen das erste Mal in voller Kirche präsentieren werden. Als er sich durch alle Zettel und Notizbüchlein gekramt hat, kommt der rettende Einfall: Ricarda hat die Daten der letzten Mails. Da wird doch irgendwo auch die Telefonnummer stehen. Er tut, was er sonst nie zu tun braucht, er fährt den Computer seiner Frau rasch hoch, klickt auf das blaue Briefmarkenzeichen unten rechts. Schon öffnet sich die Mailbox: »Sie haben Post.« Das interessiert den diskreten und jetzt auch wirklich etwas in Eile geratenen Vater natürlich nicht. Gerade will er die Suchfunktion in Gang setzen und tippt den Namen des Vermietungsbüros ein, da fallen ihm in einer gleich mehrmals aufgelisteten Mail-Adresse drei Buchstaben auf – miteinander verbunden durch je einen Bindestrich. Drei harmlose Buchstaben in einem Absender. Es wäre ihm wahrscheinlich nie aufgefallen, hätte diese Kombination nicht so oft untereinander gestanden. Was für ein verrückter Zufall!

Es sind die Anfangsbuchstaben der Namen ihrer Mädchen, geformt zu so was wie … einer Kunst-Adresse. Die Geschichte hinter dieser Adresse, das wird dem stockenden Leser nun spätestens mit der zweiten Mail, die er jetzt doch öffnet, klar, ist die Geschichte eines anderen Lebens. Die häufigen Dreharbeiten in Südamerika, die ständigen Flugreisen, die Hälfte des vergangenen Jahres war Ricarda nicht zu Hause. Das entscheidende Detail zu diesen Fehltagen steckt in diesen Mails.

Von der Drei-Buchstaben-Adresse werden offenkundig

die Briefe weitergeleitet in diese Box – alle mit ein und demselben Absender. Der Inhalt dieser Briefe ist in einem englischen Plauderton gehalten, den nur nahestehende Menschen miteinander teilen, sich sehr nahestehende Menschen. Wie dicht diese Nähe sein muss, wird dem Mann vor dem Bildschirm, der sich jetzt setzen muss, schlagartig bewusst: Das andere, das zweite Leben seiner Ricarda findet auf der anderen Seite der Weltkugel statt und ist geprägt von einem anderen Namen. Fast nie taucht dieser Name vollständig auf. Die digitale Unterschrift ist meist nur ein – »E.« Als er den Namen in der ersten Mail in vollständiger Gestalt liest, beißt er sich so fest auf die Unterlippe, dass die sofort zu bluten beginnt. Aber das spürt er nicht einmal: Elliot.

Längst ist die Stunde vergangen. Noch immer sitzt er wie angenagelt auf dem Stuhl vor dem Schreibtisch. Längst werden die Kinder an der Schule auf ihren Papa warten und sich bestimmt aus Langeweile irgendwelchen Unsinn ausdenken. Er versucht, sich währenddessen einen wartenden Mann in irgendeiner Stadt Argentiniens vorzustellen. Wird er am Flughafen sein, wenn Ricarda landet?

Erst als seine Augen die Armbanduhr suchen, wird ihm klar, wie sehr die eigenen Finger zittern, wie die Übelkeit würgt – und die Furcht vor dem, was jetzt folgen wird.

Er bringt es dann doch fertig, eine Freundin zur Schule zu schicken, um die Kinder abzuholen. Irgendwie bringt er es zustande, den Nachmittag und den Abend der Drillinge so zu organisieren, dass die Mädchen ihren Vater nicht sehen müssen.

Bevor Ricarda die Wohnungstür aufschließen wird, muss er sie treffen, aber nicht hier, sondern an einem anderen Ort. Der Park auf der gegenüberliegenden Straßenseite! Es ist nicht der beste Ort, schon gar nicht an einem 4. Dezember mit Minusgraden und heraufkriechender Dunkelheit. Doch all die Worte, die fallen werden, sollen nicht in der Familienwohnung fallen. Einen Rest von Geborgenheit will er noch bewahren, auch wenn er den Boden unter sich schon geöffnet sieht. Also wartet er auf sie. Eine halbe und noch eine halbe Stunde. Unten im Park.

Er weiß noch die Worte, mit denen er sie auf dem Parkweg begrüßt hat: »Eine reife Bühnenleistung!« – und er kann sich noch daran erinnern, wie sie die Designer-Einkaufstüten langsam, fast wie in Zeitlupe, abgestellt hat, als er den Namen Elliot ausspricht. Alle anderen Details dieses Gesprächs verschwinden in Wut, Verletzung und Scham. So wird er es später zusammenfassen.

Auch diese Dezembernacht ist vorbeigegangen. Die Kälte im Park kann er noch immer spüren, aber das Zittern hat nachgelassen, etwas zumindest. Mittlerweile ist Tag zehn nach dem definitiven Ende ihrer Ehe, die – wie er jetzt weiß – seit zwei Jahren eine auf zwei Kontinente und zwei Menschen aufgeteilte Ehe gewesen ist.

Ricarda ist fort. Nach Patagonien. Arbeiten. Er hat bis Heiligabend Zeit, die Kinder darauf vorzubereiten, dass sich das Leben ändern wird. Oder soll er warten, auf einen besseren Zeitpunkt nach den Weihnachtstagen? Wie sagt man seinen Kindern, dass es Mama und Papa nicht mehr als Elternpaar geben wird, sondern nur noch einzeln und für sich – entweder … oder? Dafür hat er noch keinen Text. Das hat er nie und nimmer vorgesehen im Drehbuch seines Lebens. Das ist ein Film, in dem er niemals eine Rolle haben wollte.

Harmonisch, humorvoll, doppelbödig. So kommt ihm die Familien-Bühne ihrer letzten Jahre vor. Warum gab es keine Chance zum Aufräumen hinter dieser Kulisse? Warum wurde nicht geputzt und gelüftet, sondern versteckt und zugedeckt?

Ricarda hat es zum Ritual gemacht, abends kurz vor acht Uhr mit den Kindern zu skypen. Die Mädchen freuen sich auf den Vormittag des 24. Dezembers, wenn sie Mama vom Flughafen abholen dürfen. Natürlich können sie es nicht erwarten, ihr in der Kirche vorzuführen, wie sie den jüngsten Hirten bestehlen wollen und dabei das Christuskind finden.

Immer wieder singen sie die Lieder vom Krippenspiel in das unscheinbare Kameraauge am Computer: »Goldnes Blatt vom Himmelsbaum, fiel zur Erde nieder / lief ich schnell nach Bethlehem, fand's im Kripplein wieder …«

Der Vater meidet den digitalen Blickkontakt vollständig, bleibt im Hintergrund. Er sammelt stattdessen Unterlagen, um sich auf ein neues Leben als geschiedener Vater mit geteiltem Sorgerecht vorzubereiten. In der Rechtsberatung hat man ihm detailliert die nächsten Schritte beschrieben. Er funktioniert und arbeitet jeden dieser Schritte ab, mechanisch und rasend schnell. Ricarda hatte sich, und das ist sein Fazit, nach sieben Jahren Ehe, nicht an das gemeinsame Drehbuch gehalten. Er weiß, dass er Abstand dazu finden muss, dass er sich seine Frau schon seit zwei Jahren mit einem Menschen namens Elliot geteilt hat. Er will aber nicht teilen, das heißt, der andere wird sie nun ganz und gar erhalten. An diesem Punkt möchte er besser nicht weiterdenken, vorerst nicht. Nur noch fünf Nächte bis zum Krippenspiel.

Während der Proben sitzt der Papa der Räuber-Drillinge auf den Kanzelstufen. Von dort aus soll er die Lichtorgel und den Vorhang bedienen. Außerdem darf er das Aufstellen der Stall-Requisiten in der fünften Szene nicht verpassen. Auf die Stufe hinter dem barocken Holzgeländer fällt so gut wie gar kein Licht. Weil er hier wie versteckt und abseits des Bühnengeschehens sitzt, braucht er für ein paar Momente seine Traurigkeit nicht zu verstecken. Er kann die Augen schließen, die Spannung aus dem Rücken entlassen und für Bruchteile von Zeit in einen Kokon schlüpfen, in dem nichts wehtut. Hier kann Schmerz und Enttäuschung mal Pause machen. Er kann die Gedanken dorthin laufen lassen, wo vielleicht einmal so etwas wie Zukunft sein wird. Ein Zukunftsland. Ein »Heil-Land?« … Davon singen die Kinder gerade …

Und jetzt müssen die Beleuchtungen geändert werden, denn nun wollen die Räuberinnen dem Hirtenjungen die warme Decke stehlen. Aber der Hirtenjunge verschenkt sie schnell an arme Leute am Wegesrand. Und gleich darauf wollen die Räuberinnen unbedingt an das Brot kommen, das der Hirtenjunge noch fürs Kind in der Krippe aufgehoben hatte. Zu deren (gar nicht mal so schlecht gespielten) Überraschung dreht sich der Hirtenjunge aber einfach um und schenkt ihnen das Brot, indem er sagt: »Dann braucht ihr es nicht zu stehlen. Ihr scheint es ja zu brauchen. Jetzt komme ich zwar mit leeren Händen zum Kind in Bethlehem, aber vielleicht wird das Kind es verstehen?« Die Räubermädchen wissen nicht so recht, ob sie sich freuen oder ärgern sollen. Sie haben nichts erbeutet, sie wurden beschenkt.

Der Räuber-Papa kann nach zwölf Proben diese Textpassage vollständig mitsprechen. Er bewegt die Lippen und spürt: Auch in seinem Leben hat einer schamlos geräubert. Stopp. Diese Art von Selbstschau-Leiden hat er sich doch verboten. Er weiß viel zu gut, dass er eigentlich seine Kraft für etwas anderes, etwas viel Besseres braucht. »Heil-land« singen die Kinder wieder. Kommt er aber nicht immer wieder wie von selbst – dieser Gedanke: ausgeräubert!? Bestohlen!? Das einzige Fazit nach bereits zwei Jahren Scheinehe? Und wer weiß, was es vorher war.

Der Hirtenjunge muss von links nach rechts über die Bühne laufen, während die Bäume sich im Hintergrund bewegen. Zwar geht er mit leeren Händen, aber er scheint sich zu freuen auf die Begegnung in Bethlehem. Einzigartig, unwiederholbar und geheimnisvoll wird sie sein. Die Räuberkinder schleichen dem Hirtenjungen hinterher.

Seine drei Räuberkinder, wie sie da im Papp-Stall ankommen und vor dem Körbchen stoppen. Im Grunde sind sie seine Krippenkinder. Sie sind vielleicht nicht gleich der Weg ins Zukunfts- oder Heil-Land, aber sie sind ein guter Grund, jeden Weg zumindest zu versuchen. Zwei der Mädchen winken kurz dem Vater auf den Kanzelstufen zu. Er winkt zurück. Sein Lebensmittel, das Mittel gegen alles Selbstmitleid, steht auf dieser Bühne und singt jetzt: »Kommet ihr Hirten, ihr Männer …«

Wieder so leichtfüßig und gewiss wie der Hirtenjunge

aus der vorletzten Szene gehen können. Kann man sich das wünschen? Kann man so einen Wunsch überhaupt aussprechen? Seltsam kommt er sich bei diesem Gedanken vor.

Letzte Szene. Der stolze Papa schließt den Vorhang. Die Weihnachtsgeschichte geht ja letztlich auch nicht »happy« ins Finale. Aber das behält er jetzt besser für sich.

Nur eines will er dann doch gern die anderen Mütter fragen: An welchem Punkt ist eigentlich die Weihnachtsgeschichte zu Ende? Als die Magier wieder verschwunden sind? Als die Flüchtlingseltern eine Unterkunft in Ägypten suchen? Als Jesus zwölf Jahre alt ist und für kurze Zeit wie vom Erdboden verschluckt unauffindbar bleibt … Das ist doch alles kein richtiges Ende. Vielleicht gibt es noch gar keines?

Er findet die Frage fast ein bisschen amüsant und muss zum ersten Mal seit Tagen ohne Kraftanstrengung lächeln. Also tut er es einfach, als er Hirten, Schafe, Räuber und arme Leute zusammen mit Maria und Joseph schon längst über die Kirchenbänke springen und unter den Kirchenbänken robben sieht. Die Probe ist beendet. Das wirkliche Leben beginnt.

Ein Hauch von Myrrhe

Und sie zogen auf einem anderen Weg
wieder in ihr Land.
Matthäus 2,12

24 Stunden Abwesenheit vom Dienst sind der Pfarrerin erlaubt. Jetzt ist sie auf dem Weg nach Hause, zurück in die Großstadt. Schon seit 100 Kilometern wird Berlin auf den großen blauen Schildern angezeigt. 500 Kilometer liegen noch vor ihr, bevor sie wieder zum Dienst antreten muss.

Erleichtert stellt sie fest, es fährt sich fast wie von selbst. Wenn nur die Müdigkeit nicht wäre. Ab und an saust ein

Adrenalinstoß durch Körper und Kopf, wenn die Augen für den Bruchteil einer Sekunde zufallen wollen. Hinter einer großspurigen Kurve helle Lichter, die warnblinken. Riesige Transporter befördern halbe Häuser über die Autobahn, mit Überbreite und Polizeibegleitung. Diesen Elefantentransport hat sie binnen Sekunden überholt. Abfahren wäre jetzt gut. Für einen Moment ausruhen, einen Kaffee holen vielleicht. Der wie vielte? – Sie hat aufgehört zu zählen.

Sie fühlt sich wie elektrisch aufgeladen und gleichzeitig unendlich müde; eigentlich viel zu müde, um allein 600 Kilometer durch die Nacht zurückzufahren. Aber wer weiß, ob der angesagte Schnee fällt? Dann ist es besser, schon so weit wie möglich gekommen zu sein.

Grässlich, aber hilfreich ist das heiße braune Wasser, das sie einige Momente später im Pappbecher hält. Wenigstens wärmt der Kaffee ein bisschen die Hände. Der schneekalte Wind bläst ihr die Jacke auf. Als sie wieder in das erwärmte Auto einsteigen will, steht eine junge Frau, vielleicht auch ein Mädchen, auf dem Bürgersteig und schaut zu ihr rüber. Die junge Frau zappelt ein bisschen – immer von einem Bein aufs andere. Ihr Gesicht ist in der Dunkelheit kaum zu erkennen. Ihr etwas gammeliger Rucksack am Boden scheint fast größer zu sein als sie selbst. Bedruckte Leggins in streichholzdünnen Beinen. Viel zu klobige Schuhe an den Füßen. Die Art von Schuhen, die sich junge Frauen anziehen, wenn sie in bestimmten Milieus was gelten müssen. Notfalls kann man mit solchen Schuhen auch treten.

Manchmal rationalisieren wir unsere Entscheidungen erst im Nachhinein.

Die Pfarrerin war noch nie in der Verlegenheit, einen fremden Menschen vom Parkplatz weg ins Auto zu laden. Oder hat sie es bisher einfach nur vermieden?

Mit Sicherheit hatte es etwas mit der auffällig zarten Erscheinung der wartenden Frau zu tun, fast wie eine Tänzerin ohne Bühne …

»Ich muss Richtung Berlin«, sagt sie und zeigt auf das

Autokennzeichen. Nicht: »Ich würde gern« oder »möchte bitte«, sondern: »Ich muss.«

Die Autofahrerin zögert einen Moment. Und für einen Augenblick erinnert sie sich an ihre eigene Mutter: Als Studentin in den 60er Jahren kannte die jeden Meter an den Autobahnabfahrten zwischen Ostberlin und Greifswald. Trampen war angesichts einer völlig unterentwickelten und unzuverlässigen Bahnverbindung die einzige Möglichkeit, so oft wie möglich in Berlin zu sein und doch wieder rechtzeitig zurück in den Hörsaal zu kommen. Wie viele Stunden muss die Mutter damals mit Nietenhosen und Stullen in der Tasche in einbrechender Dunkelheit, in Kälte, Schnee oder Regen gestanden haben, um überhaupt vom Fleck zu kommen? Dass die Studentin von ihrem Pendeln per Anhalter zu Hause nur höchst selten berichtet hatte, verstand sich von selbst. Ein halbes Jahrhundert ist das her. Wer fährt heute noch per Anhalter?

»Steig ein«, sagt die Übermüde zu der verfrorenen Erscheinung, öffnet ihr für den Rucksack die Heckklappe und schiebt die versammelte Unordnung auf dem Beifahrersitz etwas zusammen, um sie nach hinten zu werfen: Dinge aus der Waschtasche, Zeitung, Taschenkalender, Stifte. Mag die Anhalterin darüber denken, was sie will.

Die steigt ein und schnallt sich an, als würde sie das 100-mal am Tag tun.

Dass die zarte Frau mit den Leggins und den schweren Schuhen grün gefärbte und einseitig gestoppelte Haare auf dem Kopf hat, sieht die Pfarrerin erst jetzt. Mütze und Schal hat sie abgenommen und auf die Rückbank gelegt: Dort entdeckt sie auch den Kindersitz und fragt fast schon ein bisschen höflich: »Wo ist das Kind?«

»Das schläft jetzt hoffentlich schon lange im eigenen Bett zu Hause. Da will ich nämlich auch hin. Und wenn ich jemanden neben mir habe, dann bleibe ich bestimmt bis Berlin Zentrum wach.« Die Unbekannte mit dem großen Rucksack und den grünen Haaren kommentiert das nicht weiter.

Die Frau am Steuer verrät ihren Namen, einfach weil sie das höflich findet: »Ella.«

Die Anhalterin behält ihren Namen für sich.

Momente später sind die beiden auf der Überholspur. Wieder blinken jetzt die Rundleuchten der Schwertransporter. »Den Elefanten habe ich heute schon mal überholt«, sagt Ella, um überhaupt was zu sagen. Und der grüne Kopf nickt noch nicht mal dazu. Weder bejahend noch irgendwie interessiert. Mehr eine Art Null-Reaktion.

Auf der CD singt Katie Melua.

Die Frau mit der Samtstimme scheint Gehaltvolleres sagen zu können als die Frau am Steuer. Aber die versucht es noch mal:

»Kommen Sie aus Berlin?«

»Mm ...«

»Fahren Sie für die Weihnachtstage nach Hause?«

»Nee.«

»Vorn im Fach ist weiße Schokolade. Mögen Sie die?«

»Eher nich ...«

Wenigstens hält Ella die Mühe, ein ordentliches Gespräch zu führen, wach. Wer will schon bei monotonen 130 Kilometern pro Stunde nebeneinandersitzen und schweigend in die Nacht gucken?

»This is the closest thing to crazy I have ever been ...«, singt Katie. Wenn die Pfarrerin allein im Auto wäre, würde sie jetzt mitsingen.

»Krasse Stimme!«, sagt die Anhalterin, die jetzt ein bisschen aufgewärmter aussieht als vorhin am Parkplatz.

Findet Ella ja auch! Krasse Stimme.

Darum lässt es die Pfarrerin gleich noch mal durchlaufen:

»Feeling twentytwo ... acting seventeen ...«

Was wach hält, ist erlaubt.

Nächster Gesprächsversuch: »Fahren Sie die Strecke öfter?«

»Nee ...«

»…«

Vielleicht versucht es die übermüdete Autofahrerin mal allgemeiner:

»Mal sehen, ob wir es vor dem Schnee nach Berlin schaffen. Weihnachten mit Schnee, für die Kinder fände ich das schön.«

Schnee interessiert die Mitfahrerin so gut wie gar nicht. Und Weihnachten?

»Weihnachten war bei uns immer irgendwas zwischen Zauber und Zoff«, erwidert sie.

Ella überlegt für einen Moment, ob sie jetzt eher nach dem Zoff oder nach dem Zauber von Weihnachten fragen sollte. Vielleicht fragt sie am besten gar nichts mehr … Aber die Anhalterin taut auf und braucht fürs Erzählen keine Frage:

»Meine Mutter war immer zwanghaft, zwanghaft mit all diesen Weihnachts-Hilfsmitteln, nur um in Stimmung zu kommen. Nee, schöne Stimmung! Noch nicht mal Weihnachten hat sie aufgehört mit ihrem Kreischen und Schreien, wenn wieder was nicht nach ihrer Anweisung lief. Und das war eine ganze Menge.«

»Klingt so, als hätten Sie's noch im Ohr?«, gibt die Pfarrerin zurück.

Das versteht die Frau auf dem Beifahrersitz irgendwie nicht und schüttelt den Kopf.

»Eine Stimme wie mit Flügeln dran«, sagt sie stattdessen und zeigt Richtung CD-Spieler. Ella beschließt, sich dieses Bild von geflügelter Stimme zu merken. Trifft ja nicht nur auf Katie zu …

»Meine Mutter hat noch in der neunten Klasse meine Hausaufgaben kontrolliert, die Schultasche durchstöbert und mir lose Arbeitsblätter um die Ohren gehauen. Ein Jahr vorher hat sie mich noch verprügelt, weil ich nicht in Schreibschrift geschrieben habe. Prügel wegen Schreibschrift!«

»Und was haben Sie da gemacht?«

»Nichts. Manchmal getrickst, um nicht die ganze Wucht

auszuhalten. Dieser Wahn, alles zu kontrollieren. Furchtbar. Als ich in der sechsten Klasse war, wollte ich nicht mehr leben. Ich hatte Angst, meine Mutter macht mich fertig wegen einer Drei in Englisch.«

»Hat sie aber nicht, oder?«

»Ich hatte damals mein Zimmerfenster weit aufgemacht und einen Moment überlegt. Zum Springen war ich zu feige, aber aus dem Fenster rausgeschrieen habe ich – endlich mal so wie meine Mutter schreien …«

»Hat das gewirkt?«

»Nicht einen Moment. Für meine Mutter war klar, was ich bin: faul, mies und hinterhältig, undankbar und frech – wie ja auch mein Vater war, zumindest in den Augen meiner Mutter. Der hat es ein dreiviertel Jahr in unserer Familie ausgehalten. Dann ist er weg, wohnt schon lange in so einer Reihen-Mini-Box im Grünen. So eine typische Spießer-Schachtel. Meine Mutter wohnt weiter in der Zweieinhalb-Zimmer-Wohnung im sechsten Stock. Wie damals. Nichts bringt mich dahin zurück. Kennen Sie Lichtenberg?«

»Wohnen Sie jetzt allein?« Ella stellt schon beim Fragen fest, sie ist viel zu neugierig.

»Mal hier, mal da«, weicht die junge Frau aus.

Ist ja ihr gutes Recht, denkt Ella.

»How can I think I'm standing strong …«, bringt es Katie Melua auf den Punkt.

Rechts auf der Kriechspur drängeln sich jetzt wieder Schwertransporter. Hausteile für »Spießer-Schachteln« als Ladung. Wie halten sich die Fahrer nur wach? Ella sieht sie für Sekunden im Rückspiegel und hört sich selbst fragen: »Haben Sie Freunde in Berlin?« Genau das ist es! Einfach zu neugierig!

»Ja, schon …«

»This is the closest thing to crazy …«, Katies Stimme wird einfach nicht müde.

Und die Beifahrerin?

»Wo kommen Sie her? Was machen Sie?« Aha, sie dreht

den Spieß um. Auch möglich, freut sich eine mittlerweile vollkommen erschöpfte Ella.

Aber wenn sie erzählen kann, bleibt sie wenigstens wach. Der Trick klappt auch ziemlich gut. Und die Co-Pilotin scheint nicht ganz unwillig zuzuhören. Ella ist sich nicht sicher, ob die Anhalterin das alles wirklich so detailliert wissen will, was sie hört. Aber es wird ihr klar: Die Frau am Steuer ist unterwegs und zurück zu Familie und Pfarramt.

Nach der Tochter fragt die Frau vom Parkplatz dann etwas genauer. Wie alt sie ist? Ob sie schon laufen kann? Und so weiter.

Aber irgendwann hilft auch das Reden nicht mehr. Ella ist mehr als bereit für den nächsten Kaffee. Sie halten an.

Noch bevor das Auto steht, zieht die namenlose Beifahrerin die Zigaretten aus ihrer Jackentasche. Wahrscheinlich hat sie schon lange darauf gewartet.

Während sie raucht, verschwindet Ella kurz im Restaurant.

»Bin ich blöd?«, durchfährt es sie für einen Moment.

»Alles offen; eigentlich könnte sie alles mitnehmen und verschwinden«, mosert der ängstliche Kleinbürger in ihr.

Mit der Zigarette wippt sie, keinen Meter weit vom Auto entfernt, wieder von einem dünnen Bein aufs andere, als Ella ihr einen der zwei mitgebrachten Kaffeebecher gibt. Sie freut sich und sieht dabei fast richtig munter aus.

Höflich bleibt Ella noch einen Moment mit der Raucherin in der Kälte stehen. Die eisige Nachtluft macht sie wenigstens wach. Trotzdem, die Zigarette dauert – für Ella viel zu lang!

Endlich sind sie wieder auf der Autobahn. Ob rechts und links Felder oder Wälder, man kann es nicht erkennen.

»Ich treffe meinen Sohn in Berlin«, erklärt die Beifahrerin mit einem Mal. Das klingt fast vergnügt.

»Henri«, ergänzt sie gleich noch, weil sie ahnt, wie die nächste langweilige Frage lauten würde.

Ella überschlägt kurz, dass Henri eine ziemlich junge Mutter hat. 20 vielleicht oder 22. Älter auf keinen Fall.

Ella hätte mit 22 Jahren keinen Platz für einen Henri in ihrem Leben gehabt. Aber sie hätte auch nicht den Mut aufgebracht, nachts an Autobahnparkplätzen auf Mitfahrgelegenheiten zu warten.

»Ist Henri jetzt bei seinem Vater?« Dass ihr diese Frage noch eingefallen ist …!

»Kommt drauf an …«, antwortet die immer noch namenlose Fahrbegleitung.

»?«

»Henri ist so passiert. Mit wem, weiß ich nicht mehr.«

Ella schaut ganz kurz zu ihr herüber, aber bei 130 Stundenkilometern ist das einfach zu gefährlich.

»Die Sozialarbeiterin im Kontaktladen für wohnungslose Jugendliche hat damals gesagt, dass es am besten wäre, Henri zu Pflegeeltern zu geben. Adoption wollte ich nicht. Henri lebt jetzt bei zwei Pflegepapas in Pankow. Da geht er auch seit einem halben Jahr in eine Krabbelgruppe.«

»Zwei Väter …«, ein zugegeben matter Kommentar vom Steuer.

»Besser als eine schlechte Mutter«, erwidert sie. Hat sie das wirklich gesagt? Ella glaubt jedenfalls, dass sie sich nicht verhört hat.

»Henri hat es echt gut bei seinen Pflegevätern. Er sagt aber nicht Papa zu ihnen, sondern Daniel und Sebastian. Die führen ein eigenes Restaurant. Sieht unheimlich edel aus. Ich war noch nicht drin, stand aber mal davor. In der Gegend stehen große Villen; jede Menge Familien. Sogar ein Spielplatz in der Straße. Wir treffen uns da manchmal, wenn ich Besuchstermin habe. Manchmal lasse ich ihn auch ausfallen, wenn die Stimmung im Keller ist.«

Ella ahnt, dass das häufiger der Fall zu sein scheint.

»Daniel und Sebastian fahren mit dem Kleinen am Wochenende immer raus aufs Land – mal Daniel mit Henri, mal Sebastian mit Henri. Einer muss ja immer im Restaurant bleiben.

Daniel jedenfalls hat da irgendwo auf dem Land ein Grundstück am See. Bestimmt steht da auch so ein schickes Haus. Mehr weiß ich aber auch nicht.«

»How can happiness feel so wrong ...«, Katie singt es jetzt bestimmt zum achten Mal.

»Vor den Weihnachtstagen darf ich ihn sehen, ein paar Stunden. Danach wollen Daniel und Sebastian mit ihm wieder aufs Land und dort richtig schön feiern. Henri bekommt bestimmt die tollsten Sachen. Er sieht immer so gut angezogen aus. Und er riecht immer – wie frisch gebadet. Jedes Mal! Wie machen die das nur?«

»Und du?« – die Frage mag Ella nicht stellen. Die denkt sie sich und hält die Augen fest an den weißen Streifen auf der Autobahn.

»Im Kontaktladen kümmern sie sich wirklich um mich. Ich war ja nicht die einzige Schwangere ohne Wohnung und ohne Mann. Mal sehen, was es für Neuigkeiten gibt, wenn ich da morgen früh ankomme ... Mich hat sogar schon mal ein Journalist interviewt und gefragt, wie ich es im Kontaktladen finde ...« Ella hört zu und stellt sich gleichzeitig einen kleinen Jungen irgendwo in einer bestimmt sehr sorgfältig eingerichteten Altberliner Villenetage vor und ...

»Henri ist sehr süß. Er bekommt jede Menge Extrabetreuung und irgendwelche Extrastunden, hat Daniel mal zu mir gesagt. Damit er aufholen kann, was in seiner Entwicklung noch nicht so gut klappt ... Genau weiß ich das aber auch nicht. Sebastian meint, Henri müsse lernen, zu wem er gehört. Er muss lernen, einen Unterschied zu empfinden zwischen fremd und vertraut. Kann ich mir eigentlich nicht vorstellen, aber ich habe ein gutes Gefühl, glaube ich. Die beiden würden Henri nie Druck machen, auch später nicht, meine ich. Sind beide so klug. Aber mit mir reden sie nicht so viel. Das Meiste geht ja übers Amt.«

Mütterlichkeit war für Ella eigentlich bisher mehr als die Einsicht, dass das eigene Kind »sehr süß« ist. Aber das ist ihr Gefühl. Die Anhalterin erlebt das eben anders. Was für eine Mutter wäre Ella mit 20 Jahren gewesen? Welche Fehler hätte sie gemacht? Es wären bestimmt andere als die einer 30-jährigen Mutter.

»This is the closest thing to crazy I have ever been …«

Natürlich kann Ella nicht anders, als in diesen Nachtstunden, so kurz vor den Weihnachtstagen, an die Familie irgendwo in einer Notbleibe in Bethlehem zu denken. Doppelvaterschaft hat das Kind, das in dieser Notbleibe zur Welt kam, ebenfalls kennen gelernt. In Gedanken stellt sie sich die ganze »heilige« Familie vor – die von damals, und die, von der sie gerade erfahren hat: heilig und besonders, anders als die anderen Familien. Zwei Väter im Doppelpack, eine wahrscheinlich wohnungslose Mutter ohne Sorgerecht, mit der es ab und an einen Treff auf dem Spielplatz gibt, ein Kind, das schon fast allein laufen kann, namens Henri. Und wahrscheinlich zwischendrin die eine oder andere Frau vom Amt. Familiäre Zusammensetzungen können so verschieden sein. Henri – so klein er auch heute noch ist – steht wahrscheinlich für beides, Glück und Schmerz. Das Glück für zwei Männer, von ihrer ganzen Fürsorge so viel weiterschenken zu können, der Schmerz über das, was auf Mutterseite offen bleibt. Vorerst. Alles kann sich ja noch ändern.

Doppelvaterschaft verbindet das Kind in der Krippe mit Henri – wenn auch nur von sehr fern. Später in der biblischen Überlieferung wird das Kind der einen Mutter und der zwei Väter zum Schmerzensmann. Ein Junge namens Jesus. Ein Junge, von dem Novalis einmal gesagt hat, er sei die »unendliche Frucht« einer »geheimnisvollen Umarmung«. Das ist für unsere Zeit viel zu fremd, um noch als romantisch gelten zu können. Romantik klingt für meine mittlerweile eingenickte Mitfahrerin wahrscheinlich auch anders. Was wird Henri einmal sagen, wenn er antwortet auf die Frage, woher er kommt?

Woher komme ich, wem verdanke ich mich? Wem bin ich geschenkt?

Wird er sich einmal selbst solche Fragen stellen?

Dass der Himmel aber noch immer auf geheimnisvolle Weise umarmt, kann Ella nicht mehr ausschließen, wenn sie die junge Frau aus dem Augenwinkel ansieht. Ella hält es für möglich, der Himmel umarmt in seiner ganzen Geheimniskrämerei auf sehr verschiedene Weisen – vielleicht auch eine wohnungslose junge Frau mit grünen Haaren.

Diese Haare! Wie kleine Hoffnungstupfer auf dem Kopf, wie ein Frühlingszeichen in einer kalt gewordenen Welt.

»O Erd' schlag aus, / schlag aus o Erd', / dass Berg und Tal grün alles werd' …« Das passt nun so wenig zu Katie Melua wie zur Beifahrerin aus Lichtenbergs Plattenbau. Aber für Ella ist es nun mal das einzige Weihnachtslied, das den Frühling in die Weihnachtstage holt. Jetzt bewegt sich der Kopf. Die junge Mutter reibt sich die Augen.

»Ob wir bald da sind?«

»Das dauert noch. Sagen Sie Bescheid, wenn wir mal wieder halten sollen …«, bietet Ella an.

Das Angebot kommentiert sie nicht weiter. Aber irgendetwas scheint sie zu beschäftigen, ein Gedanke, der ihr zwischen Schlafen und Wachwerden gekommen sein muss: »Glauben Sie, dass Jesus vor 1000 Jahren gelebt hat? Müssen Sie wahrscheinlich bei dem Beruf.«

»2000. Es sind 2000 Jahre.«

Was wird die Pfarrerin jetzt hier den Besserwisser geben! Was will sie ihrer jungen Anhalterin nun erklären: Dass sie mehr daran glaubt, er lebt, als dass er gelebt hat?

1:12 Uhr – eine reichliche Stunde vor Berlins Stadtgrenze … Es ist vielleicht nicht ganz der passende Zeitpunkt. Aber wird ein passenderer kommen? Erzählen davon, dass die Geschichte von vor 2000 Jahren die Geschichte einer geglückten Begegnung ist, wenn auch nur für Augenblicke irdischer Zeit. Erzählen davon, dass diese Begegnung dann schließlich durch allertiefstes Unglück gegangen ist – dramatisch eben, wenn Gott und Welt zusammentreffen? Wenigstens versucht Ella sich darin.

Sie – bemüht um jedes einzelne richtige Wort – will davon erzählen, dass sie das Zeichen dieser einzigartigen Begegnung von damals zwischen Gott und Mensch sieht, weil sie ihm zutraut, dass es wirkt, auch in die bedeutungslosesten Begegnungen hinein.

»Was denn für ein Zeichen?«, unterbricht die munter gewordene junge Frau einfach alle stammelnden Bemühungen.

»Na ja, ein Kind im Arm ist nicht einfach ein Kind im Arm.«

Ob dieser Satz falsch ankommt? Ella versucht es noch einmal anders:

»Ein Mensch unter ziemlich bescheidenen Verhältnissen geboren, schließlich angebetet nicht nur von der eigenen Mutter, sondern von wildfremden Hirten; und schließlich von Fernreisenden verehrt, das sagt noch etwas anderes als das, was man an der Oberfläche sieht.«

»Schon klar«, erwidert sie: »Die Hirten kommen von draußen …«

Von draußen zu kommen … davon kann sich die Anhalterin ein erschreckend klares Bild machen.

»Bringen sie nicht etwas mit, als sie Jesus besuchen?«

»Nein, das sind nicht die Hirten; die haben ja schon selbst so gut wie nichts. Die Magier galten da schon als etwas vermögender; und die kamen ebenfalls angereist. Wahrscheinlich Sterndeuter. Manche nennen sie auch Weise oder Könige. Die bringen eigentlich lauter bedeutungsvolle und kostbare Dinge mit. Weihrauch, Myrrhe, Gold – Hinweise darauf, wie sehr sie Jesus verehren. Das sind auch Zeichen dafür, dass man ihn für einen König gehalten hat; darum hat man ihm Gold gebracht. Und man hat in ihm einen Menschen gesehen, der heilen kann. Darum die Heilpflanze: Myrrhe. Wird heute noch bei Entzündungen eingesetzt. Hilft sogar bei Bronchitis oder wenn Sie eine Narbe haben, die verheilen soll. Es gab Zeiten, da war Myrrhe sehr beliebter Parfum-Stoff, aber wahrscheinlich für die Wenigsten erschwinglich …«

Ella macht eine kurze Pause. Die nutzt die Zuhörerin

und meint: »All diese Dinge werden ihm am Ende das Leben nicht erhalten. Kein Geschenk dieser Welt kann das.« Da hat sie nun wirklich Recht, zumindest, was die Geschenke anlangt, die sich Menschen gegenseitig machen. Das versucht Ella ihr und irgendwie auch sich selbst zu sagen.

Aber die Anhalterin ist mit ihrem Gedanken noch nicht fertig:

»Das müssen Sie doch zugeben: Von den Geschenken Gottes hat man herzlich wenig. Kann man sie anfassen, festhalten? Nein! Man sieht einfach so wenig davon.«

Genau. Weihnachten hat so wenig mit Sehen und Festhalten zu tun. Deshalb ja all die Düfte, die schönen Lieder, Rezepte und Dekorationen, damit wir uns eben an etwas festhalten können.

»… that there is a link between the two, being crazy and being close to you …«

Die Beifahrerin ist wieder still geworden. Ob sie an die Verrücktheiten und Zwänge der Welt da draußen denkt. Geht auch noch ein Gedanke zur eigenen Mutter, gefangen in Zwängen und Lieblosigkeit? Wer weiß?

Jetzt ist es Katie Melua, die Ella ermüdet. Also bekommt die CD endlich ihre schwer verdiente Pause.

»Hier können Sie halten«, hört Ella ihre Mitfahrerin sagen. Da sehen sie beide die ersten Lichter hinter der Berliner Stadtgrenze.

Beide steigen aus.

Eisige Luft greift die Frauen an. Binnen Sekunden frieren sie beide. Ella hievt den schweren Rucksack auf den Bürgersteig. Der ist mittlerweile mit erstem Schnee bedeckt. Noch ist der weiß und rein. In ein paar Stunden wird sich das geändert haben.

Zur Verabschiedung die Hand zu reichen wäre ihr wahrscheinlich zu viel, vermutet Ella.

»War nett, dich mitzunehmen … ähm …«

»Jette. Ich heiße Jette.« Jetzt will Ella ihr doch sehr gern die Hand geben – so von Mutter zu Mutter; die junge Frau zögert und nimmt sie dann schließlich an.

»Wann ist euer Termin?«

»Morgen, gegen zwei Uhr.«

»Ich wünsch dir einen schönen Nachmittag mit Henri!«

»Na ja, ich habe irgendwie noch nichts, was ich ihm mitbringen könnte ...«

»Er freut sich bestimmt auch so ...«

Ella steigt wieder ein, fährt das Auto aus der Parklücke, sieht Jette ein letztes Mal im Seitenspiegel und versucht, sich einen Henri dazu vorzustellen: Henri und Jette!

Die Straßen der Stadt sind leer. Kein Geräusch nirgends. Auch Ella ist jetzt angekommen. Das Türenklappen am Auto ist Lärm mitten in der stillen Nacht. Alles so friedlich, denkt sie und räumt die unordentlich verteilten Habseligkeiten auf der Rückbank zusammen. Die Waschtasche greift sie auch. Komisch, dass sie viel leichter ist als heute Nachmittag. Kein Wunder: Innen fehlt die zugegebenermaßen große Parfumflasche.

Na wenigstens begegnet Jette morgen ihrem Henri-Kind in neuem Duft.

V

Tatsächlich: Euch ist heute der Heiland geboren

Während die wirklich schreckliche Meldung die Medienrunde macht, dass auch in den Weihnachtstagen des vergangenen Jahres Babys im Schnee oder, eingepackt im Rollkoffer, vor einem Kongresszentrum gefunden wurden, frage ich mich, warum ein Stallkind, genauer Geburtsort wohl nie mehr bestimmbar, »Retter« heißen soll? Und wie es beanspruchen kann, zu bewirken, wonach es benannt ist? Was heißt eigentlich Rettung? Und wird die Geschichte vom Retter im Stall vielleicht offener für die heimlichen und offenen Heillosigkeiten dieser Zeit, wenn man sie im Licht der Rettungsgeschichten unserer Tage liest? Oder die Rettungsgeschichten unserer Tage im Licht der Weihnachtsgeschichte?

Rettung, das erzählen die Blogger dieser Welt, geht doch eigentlich ganz anders: ein nüchterner Flugzeugpilot, so kühl wie Außentemperaturen auf 700 Metern Höhe. Er lässt das rettende Wunder geschehen – und die Welt schaut mit nur wenig Zeitverzögerung zu. So ruhig, als würde er eine Cola bestellen, hat er den Lotsen informiert: »Wir landen auf dem Wasser.« Wenig später sinkt die Maschine, kurz zuvor an den Triebwerken von Vögeln außer Betrieb gesetzt, auf den eiskalten New Yorker Hudson River. Und was dann folgt, nennen viele das »Wunder vom Hudson«. Alle Menschen an Bord werden gerettet, Mutter mit Baby inklusive. Zu gern möchte man doch wissen, wie deren Geschichte nach dem »Wunder« wohl weiter gehen wird! …
    Zufällige, an und für sich wunderentwöhnte Beobachter zwitschern dieses Rettungsereignis auf digitalem Weg

schneller in die Welt als jeder Journalist. Jeder kann dabei sein; ich auch. Mir geht es so wie dem Fluglotsen im Tower. Dem war unbegreiflich, was er da gehört hatte. Mir war unbegreiflich, was ich da im Internet gesehen hatte. Also: »Bitte wiederholen Sie das …«, antwortet der Fluglotse so geistesgegenwärtig wie auch überfordert: »Bitte wiederholen Sie …« So klingen Wunder. »Pardon, ich glaube, ich habe etwas an den Ohren … Was sagten Sie?« Und einmal mehr scheint zuzutreffen, dass Wunder das einzig Reale sind, außerhalb dessen es nichts anderes, »Realeres« geben könnte. So real, dass sie im Internet sichtbar, hörbar und nachlesbar sind.

Zwischen dem Wunder vom Hudson River und dem Wunder von Bethlehem liegen Jahrtausende. Die Geschichten der Verwunderung sind alt.

Ob die Hirten von damals auch diesen Satz zu hören bekamen: »Wiederholt das noch mal … Wer ist geboren?« Was sie zu sagen hatten, verwundert die Leute in dem besetzten, trostlosen Städtchen Bethlehem. »Sagt das noch einmal … Wen habt ihr gesehen … und wo? Einen neuen König? Ist das euer Ernst?« Situationen – auf der Grenze zwischen Leben und Tod – fordern einen nüchternen Kopf, so scheint es.

Das begreifen wohl auch die Hirten. Sie halten sich gar nicht erst mit ausschmückenden Details auf. Keine Zeit. Sie müssen eilen. Darum muss die Information an sich genügen.

»Wie bitte, sagen Sie das noch einmal!«: Der Heiland ist geboren. Die knappe Botschaft reicht hin, um die eigene Welt auf den Kopf zu stellen: »Wir landen auf dem Wasser – und zwar jetzt.« Muss man in solchen Momenten mehr wissen? – Vielleicht noch nicht mal dies, ob man tatsächlich richtig verstanden hat.

Kurt Marti hat einmal die im Neuen Testament häufig erzählte Geschichte von Jesu Stillung des Sturms auf dem Wasser als Weihnachtsgeschichte gelesen und meint: »Im Grunde ist die Geschichte von dieser abenteuerlichen Bootsfahrt eine Art Weihnachtsgeschichte: eine Weihnachtsgeschichte im Modell, unter Einbezug unserer Gegenwart und Zukunft. Weihnachten heißt doch: In Jesus von Nazareth steigt Gott zu uns Menschen ins Boot, von jetzt an ist er mit uns im gleichen Boot, mit uns auf der Fahrt neuen Ufern entgegen, bei uns auch, wenn, wie hier auf dem See, Nacht und Sturm hereinbrechen.«

Die Szenerie im vierten Kapitel des Markusevangeliums ist eindrücklich: In Seenot geratene Fischer, an und für sich raue Burschen – so rau wie die Hirten –, verlieren vor Angst die Fassung. Mit nichts in der Hand, aber einem Schrei auf den Lippen hocken sie auf den Planken – so wie vielleicht die Hirten, als sie den Himmel taghell werden sehen. Zurück aufs Meer: Der geweckte Passagier, eben noch schlief er wie ein Baby, antwortet auf diesen Schrei entsetzter Fischer. Dass die Elemente dieser Welt auf wundersame Weise Frieden geben, Leben bewahren, das hat etwas zutiefst Weihnachtliches, in der Tat! Bewahrung im Tosen der Wellen, Bewahrung in kalter Nacht in einer Höhle, ein bisschen wärmer vielleicht durch die Anwesenheit Wärme gebender Tiere, während draußen die Weltzeit unheilvoll weiterzieht.

Anhalten können im Überlebenskampf, Stille finden in der hinteren Ecke einer dürftigen Unterkunft für wenige Stunden. Ist es weihnachtlich, dass selbst die Wasser für einige Momente stillhalten, ein kaputtes Flugzeug tragen und herausdrängende Menschen nicht verschlingen, sondern dem Leben zurückgeben? Verwunderlich? Ja! Real? Ohne Frage! Weihnachtlich? Warum nicht!

Mindestens so weihnachtlich wie die Zeugenaussagen des Kapitäns eines deutschen Frachters. Auch seine Wahrheit ist nachlesbar und beschäftigte die Gemüter zur Weihnachtszeit. Auch mich: Was ich lese, passt so gar nicht zur saumseligen Stimmung am Morgen des zweiten Weihnachtstages. Vor Gericht sollte der Kapitän berichten, was sich vor einem halben Jahr auf seinem Frachter zugetragen hatte. Sein Protokoll liest die Nation mit. Nüchtern und ohne jedes Stocken in der Stimme erzählt er seine Version von der wundersamen Lebensrettung:

Seine Mannschaft sollte die Ladung durch gefährliches Wasser an der Küste Somalias bringen. Es kommt wie befürchtet: Der Frachter wird überfallen. Die Mannschaft kann sich noch in den fest verschließbaren »Panikraum« retten. Das hat sie ihrem geistesgegenwärtigen Kapitän zu verdanken. Der vermochte es, noch kurz vor dem Überfall Hilfe per Funk herbeizurufen. Nach einem Gefecht müssen sich die Piraten ergeben. Dann suchen die bewaffneten Helfer die Mannschaft. Die niederländische Spezialeinheit läuft suchend durch die Gänge und ruft: »Wir sind hier um zu helfen. Sie sind sicher.«

Aber die Mannschaft öffnet zunächst nicht; es könnte ein Trick der Piraten sein. Doch schließlich öffnet der Kapitän die Luke; er hatte niederländische Sprachfetzen vernommen. So hört er die gute Nachricht – und noch am Tag der Rettung setzt das Schiff seine Fahrt fort.

»Wir sind hier um zu helfen. Sie sind sicher.« Ein Rettungsruf noch hinter dicken Wänden der Panikräume zu hören. Und wenn die Weihnachtsgeschichte so ein Rettungsruf wäre? »Euch ist heute der Heiland geboren. Er ist hier, um zu helfen. Sie sind sicher« Aber ich bleibe lieber sitzen und warte ab in meinem Panikraum. Kann ich der Nachricht trauen? Irgendetwas darauf geben?

»Wir sind hier, um zu helfen. Sie sind sicher.« Ich kenne viele Menschen, die im vergangenen Jahr in ihren eigenen »Panikräumen« festsaßen und auf den Ruf nichts mehr gaben. Ich denke an die vielen Tüchtigen, nunmehr Dauererschöpften. Von ihnen erzählt ein alter Freund. Er ist Arzt. Seine Patienten, erfolgreich und erschöpft, können nur eines im Leben schwer akzeptieren: sich helfen zu lassen, die Luke aufzumachen …

»Wir sind hier, um zu helfen. Sie sind sicher!«

Ich denke an den 40-jährigen Vater, ein Studienkollege.

Im Ausland versprach er sich einen viel besseren, weniger steinigen Berufsweg. Aber der führte ins Nirgendwo. Nur der eigene Tod war noch ein Ausweg, der keiner war.

»Wir sind hier, um zu helfen. Sie sind sicher.« Ich denke an eine Freundin, die neben den drei Kindern die demenzkranke Mutter versorgt – jeden Tag eine Stunde Autofahrt hin, eine zurück – für zwei Stunden Pflege: füttern, waschen, erzählen, Fußnägel schneiden. Wie lange das noch so gehen kann? Aber wie rauskommen aus diesem fest abgeriegelten Raum der Verpflichtungen? Wie soll das gehen: sich helfen lassen?

»Wir sind hier, um zu helfen. Es wird gut.«

Ich sehe im Weihnachtsereignis kein altes Märchen, sondern höre einen Rettungsruf, der mich in den Gängen meines eigenen Lebenstankers sucht.

Ein Rettungsruf, der von fern klingt wie die weihnachtliche Auslegung des Evangelisten Johannes. Beide sind irgendwie verwandt. Johannes hat nichts gewusst von einer Notunterkunft für die Niederkunft der Gottesmutter, er hat nichts gewusst von Schafshirten, Volkszählungen und übel wollenden Lokalfürsten. Er konzentriert sich auf das eine Entscheidende und Wesentliche: »Johannes drei sechzehn« – wie die Nummer eines Rettungsrufs, eines Notrufs: »Ich habe Hilfe geschickt – meinen Sohn.« Das Beste, was ich habe; wenn einer helfen kann, dann er! Was auch immer dich unter Zwang genommen hat, was auch immer dein Leben beherrscht, ohne dass du es willst. Er ist da, um zu helfen. Du bist nicht verloren. Christ ist geboren – keine rettende militärische Spezialeinheit, aber die Botschaft der Weihnachtsnacht, die an den Panikräumen des Alltags klopft. So nämlich hat Gott die Welt geliebt, … dass er sie rettet. Wie viele Türen sind zwischen ihm und uns noch doppelt verschlossen?

Die weihnachtliche Rettungsgeschichte des Johannes kommt zwar ohne Hirten, ohne Maria, ohne ein Kind in einer Krippe aus, aber nicht, ohne vom Licht zu reden. Das Licht ist die Rettung.

So weit Johannes und sein fulminanter Auftakt für viele Kapitel guter Nachrichten. Göttliches rettendes Licht, das ist es für ihn. Mehr als ein halbes Dutzend Mal wird es erwähnt. Licht, das nicht von jedem erkannt wird, das nicht den Physikregeln dieser Welt entspricht und dennoch bezeugt wird, beglaubigt, bestätigt.

Auch bewährt?

Vollmundig ist es jedenfalls, wenn Johannes behauptet, das Licht erleuchtet jeden. Aber es erreicht doch noch nicht alle Verschütteten dieser Welt. Das wird uns das Licht, das in die Welt kam, eben auch nicht vorgaukeln. Menschen, die auf dieses Licht vertrauen, irrlichtern nicht einfach mit ein paar Rettungsillusionen durch die Welt. Auf ein Licht zu vertrauen, das beansprucht, jedem zu leuchten, das bedeutet, nicht einfach über die Panikräume hinwegzugehen, in denen noch immer Menschen festsitzen. Weihnachten nimmt nicht die Wartenden, die Verschütteten, die Ungeretteten einfach aus der Perspektive, sondern sucht den Weg für Rettungstruppen.

Und der Retter selbst – ein Baby: ein hilfloser Helfer? Wie oft haben wir auch in diesem Jahr von solchen »hilflosen Helfern« gehört, sie gesehen, wie sie vor dem Ausmaß größter Katastrophen und explodierter Restrisiken standen? Von einem Weihnachtsfest zum nächsten ist es dunkel geworden für unzählige Menschen. Schwimmt also die »Botschaft der Hoffnung«, wie Politiker in Europa so gern das Weihnachtsereignis umschreiben, immer noch unverdrossen gegen diesen Einbruch der Dunkelheit?

Gott schaut nicht einfach aus einem kalten Himmel in eine nachtschwarze Welt hinein, um dann einen Schalter umzulegen, der auf gleißende Weise alles illuminiert. Sonst hätten die Recht, die fragen: Aha, und warum, bitte schön, leuchtet es dann hier an dieser Ecke noch nicht, und warum ist es hier an der Kurve noch so furchtbar finster? Gott schaut in keine nachtschwarze Welt, in der alle Katzen nicht mal mehr grau, sondern einfach nur unerkennbar sind. Gott bleibt eine Geschichte lang und für die Dauer eines Nachtgesprächs in der Nähe. Das ist die Nabelschnur in jeden Panikraum, in jede eingeschlossene Grube hinein. Das Wunder lässt sich erzählen, um dann zu wirken, was es sagt. Mag sein, dass kaum noch jemand für Nachtgespräche Zeit erübrigen kann. Es sei denn, er arbeitet bei der Telefonseelsorge. Anderen verlangt der Beruf höchstens die Nachtarbeit im Akkord ab. Und die Erschöpfung kann man schon am Wortlaut hören. Nicht jedem mag darum die Vorstellung eines Nachtgesprächs willkommen sein. Vielleicht aber lassen sich die Augen doch offen halten, wenn in diesem Gespräch und den vielen anderen Nachtgesprächen, im Flüstern angesichts der Dunkelheit, vom Licht gesprochen wird. Von Mensch zu Mensch. So spannt sich vielleicht ein bergendes Dach unter kalter Sternenpracht. Vielleicht rettet dann eine Geschichte, vielleicht ist die Rettung nur bei Dunkelheit zu sehen, nicht bei Licht. Wer weiß?

Rettungsgeschichten in der Großstadt sind nicht immer so spektakulär wie die vom Flugzeug auf dem Hudson River, von geretteten Tanker-Mannschaften oder von Geretteten unter Erdbebentrümmern. Sie bewegen auch nicht gleich die Welt via Blog oder Twitter. Noch nicht mal in die lokale Presse schaffen sie den Absprung.

VI
Rettungsgeschichten

»Geboren ist euch heute der Heiland, der ist Christus, der Herr, in der Stadt Davids.« (Lukas 2, 11) Die Sätze der Engel klingen eher nach Bekenntnisformel als nach einer überwältigenden Neuigkeit. Allerdings hat Lukas uns hier einen Satz bewahrt, der das Drama der Rettung in sich trägt. Entscheidend ist: Der Retter kommt nicht erst, um seine Kräfte mit den Gefährdungen dieser Welt zu messen. Er kommt nicht im Sinne eines neuen Hoffnungsträgers, der noch zu beweisen hat, was er kann. Was geheilt und wieder aufgerichtet werden kann, ist bereits geheilt und aufgerichtet allein durch das Dasein dieser Person, berührbar und nah. Sie muss nichts mehr von ihrer Kunst des Heilens und Rettens beweisen.

Sich selbst als geheilt und gerettet zu erkennen ist vielleicht eine ungewöhnliche Betrachtungsweise für die postmoderne, urbane Seele. Die drohenden Gefährdungen bleiben ja. Und wer hier erzählt, sieht mitunter recht nüchtern, wie er oder sie sich allein die größte Gefahr bleibt. Aber sie alle bleiben mit sich selbst unterwegs – verwundet vielleicht, verwaist, übermüdet, gewiegt, tatsächlich gerettet und geheilt? Vielleicht noch nicht in der Weise, dass es in eine eigene Bekenntnisformel passen könnte, aber doch so, dass sie etwas spüren von dem, was das alte Wort »Wohl« bezeichnet. Denn auch das haben die antiken Schreiber vor Augen und im Ohr gehabt, als sie von Rettung und Heil mitten in unrettbar unheiligen Zeiten Engelsbotschaften festhielten. Errettet von allem, was zu schaffen macht, errettet auch von der »Macht der Feinde« (Lukas 1, 71), selbst derer, die ich mir selbst geschaffen habe.

Heilige Nacht

*Darum wird euch der Herr selbst
ein Zeichen geben:
Siehe, eine Jungfrau ist schwanger
und wird einen Sohn gebären,
den wird sie nennen
Immanuel.*

Jesaja 7,14

Die Krankenhauskapelle ist manchmal Flüsterstube und
manchmal heiliger Pausenraum. Hier feiern die Patienten,
so sie können und mögen, auch zu Heiligabend einen Gottesdienst. Stiller vielleicht als an anderen Orten, hin und
wieder auch bekümmert und besorgt, und darum unersetz-
lich hilfreich und gut. Die blau ummantelte Madonna an
der rechten Seite der Krankenhauskapelle hat sicherlich
schon viel erlebt, aber das eine wahrscheinlich noch nicht.
Davon handelt diese Begegnung, die nicht in dieser Kapelle, sondern woanders begann. Lassen wir die Madonna
in ihrem blauen Mantel noch einen Moment schauen auf
die Besorgten und Bekümmerten, die zu ihren Füßen eine
Kerze anzünden.

Anne, ob sie wirklich so heißt, werde ich wahrscheinlich
nie erfahren, kommt hin und wieder zum Weinen in die
Kirche. Es ist die Kirche, in der ich als angehende Pfarrerin in der Ausbildung gelegentlich, eher selten, Aufgaben
übernehmen darf. Anne jedenfalls hat nichts von einer zart-
häutigen Maria in reinen Gewändern. Ihr Gesicht zeigt
allerdings warme, fast weich gezeichnete Augenpartien.
Die sehen gerade in der dunklen Jahreszeit sehr angestrengt aus. Eigentlich sind es die Augen eines Kindes.

Wir kommen ins Gespräch. Anne hat jede Menge Fragen. Eigentlich möchte sie wieder zur Kirche gehören,
fragt sich aber, ob sie dann überhaupt am Abendmahl teil-
nehmen darf und ob es tatsächlich immer Wein gibt. Mir ist

so eine Frage noch nie gestellt worden. Habe ich das richtig gehört?

Anne spricht leise, ganz gleich ob jemand hört oder nicht. Ihre Worte stehen einzeln, fast wie sanft angehaucht, so dass man sich nicht sicher ist, ob es gerade ein Räuspern war oder ein Satz. Sie erzählt stockend von dem, was sie hierhergebracht hat. Es ist eine Geschichte mit vielen Leerstellen, und zum Weinen ist sie auch.

Bitterkeit allerdings mutet Anne sich und den anderen nicht zu. Wie sie sich diese Stimme trotz ihrer anstrengende Profession, von der ich gerade erfahren habe, wohl bewahrt haben mag, das wird mir beim Zuhören zum Rätsel.

Die Sprache, aus Worten gemacht, das ist nicht ihre Welt. Dass sie überhaupt wieder eine Kirche betreten kann – ganz ohne jede Panik oder Erstarrung –, das ist für sie das Wunder, sagt sie. Dabei sitzt sie ein wenig linkisch in der Kirchenbank, strahlend fast. Selbst die dunklen Ringe unter den Augen, Zeichen der Erschöpfung, versuchen einen guten Eindruck zu machen. Unbeholfen liegen ihre großen Hände aufeinander. Hände, die hart arbeiten – an anderen Menschen, Männern. Die dünn gewordenen halblangen Haare hat sie wie in Eile zusammengebunden.

Ich erfahre, dass sie in dieser Stadt nicht so richtig zu Hause ist, obwohl sie seit 20 Jahren dieselben Straßen und Gegenden erlebt. Ihre Heimat ist Köln. Was sie von dort weggetrieben hat, war die eigene Scham. Als sie davon erzählen möchte, bebt sie wie ein Mensch, nach dem die Kälte greift.

»Es war nicht auszuhalten!«, erinnert sie sich – die Ansteckung, dann ihre Erkrankung, die Arbeitsunfähigkeit. Da war sie Mitte 20. Wodurch sie sich infizierte, den Sex oder die Spritzen, im Abstand der Jahre wird das egal. Das Ergebnis ist eine endlose Krankenakte, die Leber so gut wie ruiniert. Als sie merkte, wie ihr der Verstand immer öfter »wegzurutschen« drohte, griff die Angst nach ihr.

Bewusstseinsveränderung nennt das die medizinische Dokumentation. Heute weiß sie nicht, was schlimmer war, der Wahn der Angst oder der Wahn, der sich mit solchen Wörtern wie Enzephalopathie verbindet. So nennen Ärzte ihr Leiden.

Mehr weiß sie dazu auch nicht zu sagen. Wahrscheinlich hat man oft und wiederholt mit ihr darüber gesprochen – in Kliniken und Ambulanzen. Immerhin kann die kaum Wortgewandte mit solchen Begriffen umgehen, doch nur um einen Satz später wieder an Wortfetzen hängen zu bleiben. Manchmal machen ihre Wörter Sprünge, haben die Sätze Risse. Man spürt ihr die Grenzen dessen, was sie zu sagen vermag, sofort ab. Hin und wieder verstummt sie einfach so, mitten in einem Gedanken.

»Es vergeht kein Tag, an dem ich nicht Angst spüre, besonders die Angst, ich würde nur noch aus verödeten Gefühlen bestehen.« Die das sagt, hat so viel Gefühl in ihrem Blick und eiskalte Hände: »Tut mir leid; eigentlich friere ich immer.«

Ich will ihren Worten möglichst wenig glauben und dem vertrauen, was ich sehe. Hepatitis ist der Gegner ihres Körpers. Der erste Freund wurde ihr zum Feind. Er hatte sie angesteckt. Vorsätzlich. Selbst ist er vor zehn Jahren gestorben, doch sie trägt sein krankes Erbe mit in ihrem Körper. Dieses Erbe bedeutet auch, keine leiblichen Kinder haben zu können. An ihrer Stimme spüre ich, dass sie noch immer versucht, sich mit all diesen Fakten zu arrangieren, so gut es eben geht. Manchmal ist aber gar nichts gut: Mit Kindern darf sie noch nicht einmal ehrenamtlich arbeiten. Selbst Sterbende im Hospiz darf sie nicht begleiten. Das hätte sie zumindest gern getan, doch die Nähe zu Morphium und Opiaten wäre eine zu große Versuchung und Gefährdung für die ehemals suchtkranke Frau.

»Manchmal frage ich mich, ob mein damaliger Freund schuld ist oder ich selbst. Kann ich ihm wirklich die Schuld daran geben, dass ich nie die sein konnte, die ich wirklich bin?« Die Frage lässt sich für sie nicht beantworten – mal weint sie um ihn, mal um sich selbst.

Das erste Leben ist damit eigentlich erzählt. Heute hat Anne zwei Berufe, genauer gesagt: zwei Verdienstquellen – eine tagsüber und eine in der Nacht. Acht Stunden am Tag sortiert sie Gehaltsabrechnungen und macht Botengänge durchs Haus einer kleinen Organisation. Es ist die nur für wenige Monate stabile so genannte 1-Euro-50-Basis pro Stunde. Abends und nachts wird ihre sehr übersichtliche Wohnung zur Anlaufstelle für Männer, die besser, aber längst nicht gut zahlen. Ihrem jetzigen Freund macht das nichts aus. Der ist an den betreffenden Wochentagen bei seinem kranken Vater – in irgendeinem Brandenburger Dorf, eine Stunde Autofahrt weit weg. Der Vater brauche ja jemanden, der ihn wenigstens hin und wieder mal wäscht, ihm Zigaretten kauft und die Fingernägel schneidet.

»Mein Freund macht das wirklich gut und sehr einfühlsam.«

Unterdessen bringen ihr dann drei bis vier Nachtstunden Arbeit den größten Teil der Miete einer ofenbeheizten Ein-Zimmer-Wohnung ein, Hochparterre, zweiter Hof. Abzuziehen sind davon noch die Annoncen-Kosten in der Zeitung. Die sind natürlich auch nicht billig. Das Berliner Verlagswesen verdient recht ordentlich an den Inseraten professionell angebotener Körpernähe. Schließlich will dann auch noch der Freund vom Rest des Verdienstes etwas sehen. Und was dann noch bleibt, ist wirklich für sie.

»Was bleibt denn noch so«, frage ich Anne. Ich meine mit der Frage mehr als die Zahlen. Sie versteht das und erzählt: »Was bleibt, ist meine Gruppe. Da habe ich gelernt, dass ich etwas gelte. Die meisten dort sind an mir interessiert. Sie haben Geduld, wenn ich etwas erzähle. Das ist schon das Wichtigste für mich. Wir kochen und feiern zusammen, gehen auch mal gemeinsam ins Kino. Das hält mich gerade.«

Ich merke, was für Anne Trost ist: Gerade und aufrecht gehen zu können.

Ob sie etwas davon auch in den Gottesdiensten findet? Nach unserem ersten Gespräch sehe ich sie eine Zeit lang regelmäßig, dann wieder gar nicht. Manchmal ist sie da, manchmal wochenlang verschwunden. Wenn sie sich »zurückmeldet«, klingt es immer so, als ob sie ein schlechtes Gewissen plage. Ich bin meist machtlos gegen dieses schlechte Gewissen. »Nächste Woche komme ich aber wieder mal zu Ihnen«, meint sie beteuern zu müssen, und verspricht, dass wir uns am 24. im Spätgottesdienst sehen.

Der Gottesdienst zur Heiligen Nacht findet in einer fast dunklen Kirche statt. Kaum einer erkennt den anderen. Ob sie da ist? Ich weiß es nicht.

»Nur einmal das Gefühl haben, dass es wieder freundlicher kommen kann – und nicht noch schwerer«, wünschte sie sich zu Weihnachten. Das hat sie mir geschrieben.

Dafür schien die Weihnachtsnacht für Anne nicht gemacht. Es kam nicht freundlicher, sondern zunächst noch etwas schwerer.

Tage später erst werde ich davon erfahren.

Unvorhersehbar war der Ausgang ihres letzten Besuchs an diesem Abend. Für Stunden, so kam es ihr vor, muss sie mit diesem Freier von einer Notaufnahme zur nächsten gefahren sein. Erst das dritte Krankenhaus hatte ihn aufgenommen. Der Mann hätte ihr in der eigenen Wohnung sterben können. Der Gedanke muss sie panisch gemacht haben. Dann aber gab es für ihn Hilfe hinter der Schiebetür: ein Team von Ärzten war nun mit ihm beschäftigt. Während Anne wartete und überlegte, ob sie einfach gehen sollte, wurde ihr der Flur zur stillen Laufstrecke – einmal hin, einmal zurück. Immer wenn sie an der Ostseite des Flures ankam, sah sie das unscheinbare Hinweisschild für die »Kapelle«. Als ob es gar nicht auffallen wollte, hing es zwischen all den banalen Ankündigungen, Wegweisungen und Informationen eines Krankenhausalltags. Anne fürchtete sich vor dem langen Fußweg durch die Stadt zurück in die Wohnung. Die Taxi-Odyssee dieser Nacht war bis hierher schon viel zu teuer gewesen. Also nimmt sie auf dem Weg nach draußen doch noch einen Umweg: Die »Kapelle« zieht sie an.

Die Stille im Raum am Ende des Flures ist wie ein Geschenk. Es ist die Krankenhauskapelle, und sie ist leer. Sie hat diesen Moment, den Altar, die Bilder an den Wänden, den Stern an der Decke und den Baum vorn im Altarraum für sich allein. Einen von knapp 40 Plätzen kann sie sich nun aussuchen. Anne wird in diesem Moment aufgefallen sein, wie unweihnachtlich die eigene kalte Wohnung im Hinterhof jetzt gerade sein musste. Ein Ort ohne jede Behaglichkeit, ein einsamer Arbeitsort, das Einzige, was sie hatte. So gut wie gar nicht vorstellbar wird es ihr gewesen sein, dorthin zurückzukehren.

Die Krippenfiguren, jede für sich einen halben Meter groß, dort vorn auf den Stufen geben ihr Zeichen aus einer anderen Welt. Die gebeugten Hirten, die reichlich in rot und blau bekleidete Maria, selbst die Kamele der Sterndeuter … Vor allem das im Halbschatten liegende Gesicht des halbnackten Jungen mit Kindergesicht in der Krippe fasziniert sie. Das Christkind. Sie geht näher, streckt die Hand danach aus, nicht ohne vorher zu schauen, ob sie noch immer allein ist.

»Es war so gar nichts Wundes an diesem Kindergesicht«, sagt sie mir später. »Ich hätte so gern mein Herz in diese Kinderhände gegeben. Das war mein Gebet; es hat mich still gemacht.«

Sie wollte das Krippenkind keinesfalls stehlen. Als sie die Figur in ihren Schal wickelt, überlegt sie, worauf sie ihre Adresse schreiben könnte, wenigstens ihre Telefonnummer, damit man sie erreichen kann. Es soll ja kein Diebstahl sein! Was es allerdings sein soll, darüber wird sie sich in diesen Augenblicken keine Gedanken gemacht haben. Anne findet in den Taschen keinen Zettel und schon gar keinen Stift. So etwas trägt sie nicht dauernd bei sich. Im Nachhinein glaube ich ihr genau das!

Einen kaum noch lesbaren Fetzen ihrer eigenen Kontakt-Annoncen kramt sie dann aber doch aus der Hosentasche, ausgerissen wahrscheinlich von einem der Kunden. Liegengelassen, aufgehoben, noch nicht weggeworfen. Die Telefonnummer darauf ist noch gut zu erkennen. Sie streicht das billige Zeitungspapier ein bisschen glatt und legt es dann – die Nummer gut sichtbar – unter die gelben Halme in die Krippe.

Durch diese Nacht muss sie gegangen sein, ohne zu frieren. Das Kind kam mit. Doch die Reise des Kindes, in Windeln gewickelt, endete allerdings nicht in einer kalten Ein-Zimmer-Parterre-Wohnung …

Nach dem zweiten Weihnachtstag erschien sie wieder in der Kirche, in der ich sie einmal kennen gelernt hatte. Nach der Orgelmusik wartete sie am Ausgang auf mich. Ob es ihr gut ginge, wollte ich wissen. Ob sie mich sprechen könne, war ihre Antwort. Sie zeigte auf den Inhalt der Tasche und bat mich, diesen Inhalt wieder abzugeben in der Klinik. Es tue ihr sehr leid, aber sie habe ihn nur ausgeborgt. Die Angst ist zu groß, wieder an diesen Ort zurückzugehen. Man würde sie bestimmt nicht ohne Weiteres wieder gehen lassen. Sie könne sich einfach eine Überprüfung ihrer Personalien durch die Polizei nicht leisten … Sie wolle auch nichts erklären müssen. Das wiederum verstehe ich am allerbesten.

»Ich habe mir solche Vorwürfe gemacht. Ich war so dumm.« Sie sagt es mit vollem Ernst. Und ich spüre ihre Entlastung, als ich ihr die Tasche abnehme und verspreche, geradezurücken, was möglich ist.

Es ist leichter als gedacht. Die Madonna im blau-roten Mantel nimmt die Rückkehr des Windel-Knaben mit Gelassenheit, das Klinik-Personal ebenfalls. Man habe ja einen doppelten Satz Figuren, die sich auch nachbestellen lassen.

Als wiederum Anne dies erfährt, kann sie erleichtert

seufzen: »Manchmal wünsche ich mir genau so etwas für mein eigenes Leben – und für die Personen, die darin mitspielen: einen doppelten Satz Figuren, die sich auch einzeln nachbestellen lassen.«

Herztöne

Und sie gebar ihren ersten Sohn.
Lukas 2,7

Geburten sind ihr Beruf. Ein Traumberuf. Sie hat alle Chancen und den Facharzt fast in der Tasche. Sie ist 35, leidenschaftlich ledig und mit Abstand die am jüngsten aussehenden Assistenzärztin im Team. Wahrscheinlich liegt es an ihrer zarten Haut, den kurzen Locken und den hellwachen Augen, die binnen Sekunden eine Situation im OP oder im Kreißsaal erfassen können. Manchmal, wenn sie den Kreißsaal betritt, platzt es aus der einen oder anderen werdenden Mutter heraus: »Nicht noch eine Hebamme, ich will einen Arzt!« Dann lacht sie kurz, stellt sich höflich, aber routiniert vor – »Mein Name ist Dr. Nina Heldstein« – und wird ebenso schnell wieder zur Ärztin mit dem sicheren Blick und den mindestens genauso sicheren Händen. Sie ist fix und bedacht – selbst um drei Uhr morgens. Selbst dann, wenn wie auf scheinbar geheime Absprache innerhalb von zehn Minuten fünf Mütter gleichzeitig mit Blasensprung oder Vorwehen an der Stationstür klingeln. »Muss am Wetter liegen«, beruhigt sie dann die aufgeregten oder erschöpften Frauen.

Kurz vor der Geburt haben die Frauen nicht die Augen für die zarte, aber resolute Assistenzärztin, die mit ihrer Alt-Stimme gut Nachrichtensprecherin sein könnte. Die werdenden Mütter haben auch nicht das Ohr für den leichten Thüringer Akzent, den man hören kann, wenn die Ärztin spricht. Den ankommenden Frauen steht Arbeit bevor, und die junge Ärztin hilft, überwacht, misst und muss immer wieder Herztöne finden, ihre Häufigkeit interpretieren oder deren Ausbleiben kommentieren. Das Letzte ist der härteste Teil der Arbeit: »Wir finden keine Herztöne mehr. Wir müssen davon ausgehen, dass Ihr Kind gestorben ist.« Wie oft hat sie sich Formulierungen überlegt, um diesen Moment mit Sprache zu füllen! Wie oft hat sie sich insgeheim gefürchtet vor der Reaktion der Mutter und doch gewusst, als Ärztin wird sie in ihrer Rolle bleiben und sagen, was die nächsten Schritte sind! Das wird erwartet. Sie hat gelernt, damit umzugehen, dass manche Frauen in solchen Momenten laut und schrill werden: »Ich will kein totes Kind in meinem Bauch. Nehmen Sie das weg.« Sie hat auch gelernt, damit umzugehen, dass andere Frauen sofort mit den vermissten Herztönen still werden – beängstigend still. So still wie das Kind, dass dann – obwohl tot, noch geboren werden muss. Eine Stillgeburt. Und die Stille danach ist dann wirklich das Schwerste.

Die Ärztin, die noch in den dunkelgrünen, irgendwie pyjamaartigen Krankenhausklamotten souverän wirkt, wirft auch das nicht aus der Bahn: »Ich nehme diese Geburten nicht mit nach Hause. Sie gehören dazu wie die anderen, die glücklichen Geburten. Bei denen können sogar Momente von Vollkommenheit im Kreißsaal entstehen. Davon bin auch ich berührt. Ganz und gar. Es hält für Sekunden.«

Es gibt Zeiten, da fragt sich Nina, wie wohl der Tag der Geburt ihres eigenen Kindes sein wird. »Unser glücklichster Tag, unser schönster Moment …« So etwas liest sie hin und wieder auf den Geburtsanzeigen und kann das, was sie im Tag- und Nachtdienst am Kreißsaal erlebt, nicht so recht zusammenbringen mit dem, was die überschwänglichen Botschaften vom eingetroffenen Nachwuchs beschreiben. Sie kennt das Maß an Erschöpfung, an Erwartungen, die regelrecht in den Himmel steigen und dann abtauchen im Babygeschrei auf der Wöchnerinnenstation – morgens gegen vier Uhr. Und manchmal weiß sie nicht, wer hier verzweifelter weint, Mutter oder Kind. Sie kennt auch das Maß an Überraschung auf den Gesichtern der Begleiter, meist der Väter, wenn sie das erste Mal ein kleines, durch die Geburt arg strapaziertes Baby in der Hand halten. Nicht der väterliche Mund, aber die Augen des Vaters sagen dann hin und wieder diesen einen Satz: »Ach, das hatte ich mir doch ein bisschen anders vorgestellt.«

»Willkommen in der Wirklichkeit!«, antwortet dann die Ärztin ebenfalls nur mit den Augen und fühlt sich gut, so nah an diesen Lebensgeheimnissen dran zu sein.

Sie sieht das Bündel Leben, ein kleines Kraftpaket, getaucht in Elternblicke. Sie sieht die Verletzlichkeit und das Nackte und sie weiß, einige Zimmer weiter geht es vielleicht gerade sehr unheil zu.

Sie kennt auch die akademisch hoch Qualifizierten, die – angefüllt mit wissenschaftlichen und praktischen Erfahrungen – morgens in Reih und Glied vor den Inkubatoren oder den Wärmebettchen stehen. »Wie die Magier im Stall!«, hat mal einer der Oberärzte gesagt und ein bisschen – was selten genug geschieht – gelächelt.

»Magier im Stall« fand sie seltsam. Ninas Eltern hatten die Tochter immer wissen lassen, was sie von Religion halten: nichts. Daher war der Nikolaus für Nina so etwas wie eine Kreuzung aus Rotkäppchen und Zwergnase, Weihnachten selbst einfach ein Fest, das – recht besehen – doch nur Familien feiern können? Oder ist es mehr so etwas wie eine weltweite Geburtstagsfeier? Egal.

Trotzdem hat die junge Ärztin ein Bild vor Augen: ein paar Fremde im Kniefall vor dem Kind. In verschiedenen Krippenvarianten hat sie es gesehen – mit Kamel, ohne Kamel, mit Krone, ohne Krone. Sie war Ende 20 als sie erfuhr, dass diese Männer aus dem Morgenland Namen haben. Zu peinlich war es ihr allerdings, jemanden, zum Beispiel den Oberarzt, zu fragen, ob das mit den Namen auch in der Weihnachtsgeschichte steht, also in der Bibel. Um es selbst einmal nachzusehen, war es ihr nicht wichtig genug.

Aber das Gefühl, etwas von einem dieser Magier zu haben, beschäftigt sie doch mehr als einen Moment. Etwas davon entdeckt sie an sich und den Kollegen – wie die Magier von einst: Von ferne kommen sie über die Flure gepilgert, wie angereist aus einem anderen Land, dem Land der Erwachsenen und ihrer technischen Daten, Messinstrumente und Schmerzmittelkenntnisse, manchmal offen, manchmal insgeheim staunend über die wenigen Gramm verheißungsvollen, neuen Lebens – eine Verheißung aus einer anderen Zeit. Genau das scheinen ihr die Säuglingsgesichter auch zu erzählen, die längst noch nicht angekommen sind auf dieser Welt.

Ninas Großmutter in Ilmenau hat an Sommerabenden alte Geschichten zum Besten gegeben. Manche gut ausgedacht, manche zu fröhlich oder zu traurig, um nicht wahr zu sein. Und das kleine Mädchen von damals fragte dann regelmäßig ins Geschichtenerzählen hinein: »Wo war ich denn da?« Die Antwort der Großmutter kam prompt: »Da hast du noch Wolken geschoben.« Und jetzt steht sie am Inkubator all der ehemaligen Wolkenschieber, kennt deren Blutwerte, den Sättigungsgrad der Atmung, die Urinmenge, aber nicht die Träume dieser winzigen, von unten, oben, rechts und links gewärmten Menschen. »Was träumen eigentlich 700 Gramm menschlichen Lebens?« Diesen Gedanken lässt sie nur für das Zeitfenster eines Augenaufschlags zu, kennt den Lebenskampf dieses wenigen Gewichts, das da mit einem sehr ernsthaften, sehr geschlossenen Gesichtchen liegt. Denn dann muss sie los, zurück in den Kreißsaal und wieder nach Herztönen suchen bei der nächsten Schwangeren. Die Hebamme hat sie schon angepiept.

Während sie über den Flur läuft, die Hände in den Seitentaschen, freut sie sich auf die freien Skitage nach diesem vorerst letzten Nachtdienst. Mit Freunden will sie raus aus der im Winter besonders öden Stadt. Endlich mal wieder ein bisschen Sport machen, frische Bergluft – und keine Fragen um Leben und Tod.

Auch wenn sie gern in ihren Klinikkosmos eintaucht –

morgens zum Beginn der Frühschicht und abends, wenn vor den Krankenhausfenstern die Parkbeleuchtung angeht – auch wenn dieser Kosmos ihr ein und alles ist, Abstand wird guttun. Das hat sie oft gedacht, wenn sie sich einfach in den Stunden zwischen zwei und vier Uhr erschöpft und matt auf eine der Kreißsaal-Liegen gelegt hat.

Jetzt aber packt sie ihre Sachen und schickt eine kurze SMS an die Eltern. Die sind schon routiniert darin, vor dem »Weihnachtsstress« in den Urlaub zu fliehen. Dieses Jahr ist es Kapstadt. »Wir wollen nichts geschenkt bekommen zu Weihnachten, schon gar nicht irgendwelche Sprüche.« So deren Motto. Nina könnte es mitsprechen, wenn sie wollte.

Nach dem Frühdienst wird sie das Flugzeug nach Wien nehmen und dort die Freunde treffen. Nicht alle, aber einige von ihnen kennt sie noch aus Studientagen. Der Treffpunkt ist vereinbart, die Tickets für die Weiterfahrt von Wien aus in der Tasche.

Und noch jemand packt die Taschen, freut sich auf ein paar Tage mit den Skiern und hoffentlich gutem Schnee. Nichts wäre schrecklicher als im Hotel festzusitzen mit Leuten, die man nicht so gut kennt. Die Eltern haben auf ihn eingeredet wie auf einen störrischen Esel: »Nutz die Tage, Benjamin, verreise! Du musst doch mal raus. Uns besuchen kannst du auch noch nach Weihnachten. Keiner von uns, dein Bruder eingeschlossen, wird dir das krummnehmen …«

Also lässt sich Benjamin tatsächlich einladen von seinem alten Studienfreund. Ein Experiment der Gefühle, ohne dass Benjamin Lust hat, auch nur ansatzweise darüber nachzudenken.

Jetzt hat er jedenfalls die Tickets Richtung Wien und dann weiter in die Berge im Gepäck und trotzdem schon fast so etwas wie ein geteiltes Herz in der Brust. Zurück kann er nicht. Auch wenn man 39 Jahre ist … Einfach so Eltern und Bruder Heiligabend allein lassen? Sie haben es immer zusammen gefeiert. Und immer zu Hause! Andere würden ihn vielleicht »kauzig« nennen. Er weiß das auch. Käuzchen singen wenigstens hin und wieder nachts. Der Vergleich ist also gar nicht so unpassend für ihn. Auch er hat nachts die besten Ideen.

Der erste Tag am Skilift und an den Hängen ist perfekt. Die Freunde kommen gut miteinander klar. Am zweiten Tag sind die Schnee- und die Lichtverhältnisse fast noch schöner. Benjamin hat einen Blick dafür: »Vielleicht liegt es daran, dass heute der 24. ist …« Die anderen empfinden diese, wie die meisten von Benjamins Bemerkungen, nicht unbedingt als Geistesblitz, aber auch nicht als sonderlich störend. Keinem der Skiläufer ist der 24. so derart wichtig … Das hat man doch eigentlich hinter sich gelassen. Die Skilifte schließen trotzdem bereits gegen drei Uhr am Nachmittag. Man ist also zeitig zurück im Hotel. Fast ein bisschen zu zeitig. Den Leerlauf füllen die Mittdreißiger mit Schlaf und Wellness.

Dunkel wird es in einer halben Stunde.

Benjamin will noch einen kleinen Weg zu Fuß machen. Gerade hat er zu Hause angerufen. »Alles fröhlich«, hatte die Mutter gesagt und klang auch so. »Und deinem Bruder geht es einwandfrei!«

Weil Nina nichts Besseres vorhat, begleitet sie Benjamin ins »Oberdorf«, wie die Einheimischen hier sagen. Von denen sieht man gerade nicht sehr viel. Sie sind alle in ihren Wohnzimmern verschwunden. Urlauber spazieren ziellos hin und her. Benjamin sieht die alte Kirche mit dem runden Türmchen. Licht ist schon an. Die erste Vesper ist um 17 Uhr, steht auf dem Schaukasten davor. Noch ist die Kirche leer. Nina kennt den Begriff der »Vesper« ausschließlich als Einheit für Mahlzeiten am Nachmittag. Seltsam, dass die Kirche so gänzlich offen steht, ohne dass jemand da zu sein scheint. Benjamin bewegt sich ganz vertraut in der Kirche. Sie setzen sich in die zweite Bankreihe und warten einen Moment. In der Kälte und langsam einsetzenden Dämmerung kann man den eigenen Atem gerade noch sehen. Benjamin unterbricht die Stille mit einem Flüstern. »Hast du was dagegen, wenn ich etwas bete.« Im hinteren Raum klappt eine Tür, aber es stört nicht weiter. »Was denn?«

»Das Vaterunser ...?«

»...«

Und dann spricht Benjamin fast nicht hörbar diese Gebetsworte, die Nina mal in irgendwelchen Kinofilmen am Rande gehört hat, aber nie von allein zusammenbringen würde. Sie hört einfach zu und schaut auf die Krippe, wo auch die Magier stehen und das Kind liegt – mit rosigen Bäckchen ... »und die Kraft und die Herrlichkeit ...« So rosig sind die Bäckchen ihrer Säuglinge nicht auf der Station. Diese Art der Schönfärberei ist lächerlich.

Da ist das Gebet auch schon vorbei und Benjamin ist noch stiller als vorher. Nina ist jetzt warm und kalt zugleich. Im Kirchraum hinter ihnen beginnt ein zaghaftes, aber betont geschäftiges Geklapper. Das müssen die letzten Vorbereitungen für den Gottesdienst sein. Nebeneinanderher gehen sie langsam den schmalen Kirchgang raus in den Abend.

Worüber könnte man jetzt möglichst locker reden?

»Jemand hat mal gemeint, Beten sei die Sammlung in den Augenblick«, setzt Benjamin etwas hölzern die Worte in die Abendstimmung. Nina hat keine Vorstellung davon, was da gesammelt werden könnte.

»Wir haben auch einen Andachtsraum in der Klinik«, erwidert sie. Als Benjamin begreift, in welchem Klinikbereich sie arbeitet, fragt er genauer nach. Nina erzählt von den Herztönen und den Wärmebetten, von Hierarchien im Kreißsaal und überzogenen Erwartungen der Mütter bei dem, was die Laienwelt Kaiserschnitt nennt. Sie erzählt, dass sie sich sicher fühlt, wenn es um Untersuchungen in den so genannten »kleinen« Wochen geht, also den frühen Wochen der Schwangerschaft. Das kann sie nun mal. Heikler seien da schon die »großen« Wochen, also die Zeit, in der die Kinder eigentlich lebensfähig sind und bald geboren werden. Da könne noch so viel »passieren«, sagt sie und lässt es einfach in der Luft zwischen ihnen beiden hängen. Nina erzählt noch weiter von lustigen Kindsbewegungen, sichtbar auf dem Ultraschall – und Benjamin unterbricht sie nicht. Nur am Ende fragt er, schon in Sichtweite des Hotels: »Warum wollt ihr schon vor der Geburt so viel messen, analysieren, bestimmen, Kopfumfang, Gewicht und Nackenfalte in eine Statistik einarbeiten?« Nina hält die Frage zwar nicht für lächerlich, wie die meisten ihrer Kollegen es tun würden, aber naiv ist es schon. Nina kennt die ungefähre Ziffer der Abbrüche in Folge der Pränataldiagnostik, der vorgeburtlichen Untersuchung, allein in ihrem Krankenhaus. Sie kennt die Ärzte, die Tag für Tag diese Diagnosen stellen und lapidar sagen: »Ich sehe jeden Tag mindestens eine Fehlbildung.« Leben, das meist nicht geboren wird. Von den Abbrüchen vor der zwölften Woche »spricht ja gar keiner«; das sagen die Kollegen dann. Aber die Abbrüche nach der zwölften Woche – auch für Nina sind sie das Schwerste.

Ihrem Begleiter Benjamin erzählt sie von den Frauen, die doch wissen sollten, ob ihr Kind einen schweren Herzfehler oder eine Krankheit hat, die nach der Geburt sofort, nach ein paar Stunden oder ein paar Tagen die Lebensfähigkeit beendet. »Und müsst ihr dann auch vor der Geburt die Herztöne beenden, damit das schwer geschädigte Kind gar nicht erst auf die Welt kommt?«

»Als ob das so einfach wäre!«, reagiert Nina fast reflexartig! Sie merkt, sie fällt in die Tonlage der Ärztin. Als ob sie kein Gefühl dafür hätte, welche Verantwortung eine Ärztin sowohl in den »kleinen« als auch in den »großen Wochen« hat, selbst wenn sie nur die Narkose bei der noch Schwangeren für den tödlichen Eingriff setzt. Sie denkt an die letzten Besprechungen vor der OP, sie denkt daran, dass das Wort Hirnschaden immer irgendwie nach Totalschaden klingt, und empfindet sich dabei selbst als grausig. Sie kennt den genetisch bedingten Tod der Föten im Mutterleib und die Ausschabung danach. Sie weiß, wie Lebensprognosen schwer kranker Embryos beschrieben werden, ohne dass wirklich etwas bei den Müttern, die sie ja werden wollten, ankommt. Sie sieht die Frauen im Warteraum sitzen mit der Bescheinigung in der Hand, leergeweinten Augen und voller Angst. Sie denkt an ihre Kollegin, die diese Tonlage zwischen professionell und empathisch so haargenau zu treffen vermag, wenn sie zu den schwangeren Frauen sagt: »Ich an Ihrer Stelle würde …«

Ja, es ist wahr: Auch in den großen Wochen werden bei schweren Schädigungen Kinder gegebenenfalls nicht geboren. »Du meinst: vor ihrer Geburt getötet?«, fragt Benjamin zurück.

Nina hat sich seit einem halben Jahr nicht mehr solchen Fragen stellen müssen. Für diese Art von Eingriffen war sie schon eine ganze Weile nicht mehr eingesetzt. Das kann sich im Besetzungsplan der Klinik jederzeit ändern; sie weiß das.

An das letzte verstorbene Frühchen während ihrer Schicht muss sie allerdings ausgerechnet jetzt denken. Die Eltern haben ihr totes Kind dreimal hintereinander gebadet, immer wieder eingewickelt und ausgewickelt und im Arm gehalten. Schließlich ist Nina rausgegangen.

»Aber von Gott hat er Muskeln, Sehne und Bein …« Irgendwann hat sie das mal gelesen.

Benjamin ist schon woanders; er erzählt jetzt von seinem Bruder, der gerade in diesen Stunden zu Hause bei den Eltern im Wohnzimmer sitzt und vielleicht gerade wieder mal am Klavier herumprobiert. Jedes Jahr zu Weihnachten versucht er es neu …

Zwillinge sind er und sein Bruder, aber nicht eineiig. Auf die Welt gekommen, als Feindiagnostik während der Schwangerschaftswochen noch nicht halb so fein war. 39 Jahre ist es her. Ob seine Mutter sich gegen den Zwilling entschieden hätte, wenn sie das schon vor der Geburt gewusst hätte? Das hat Benjamin einmal seine Mutter gefragt, einfach weil er es wissen wollte. Es war kurz nach der Diagnose, dass der erbliche Defekt des Bruders eine Lebenserwartung von noch 10 bis 15 Jahren mit sich bringt. »Wissen kann manchmal so nutzlos sein«, hatte ihm die Mutter geantwortet.

»Wir halten als Familie das Fortschreiten der Krankheit kaum aus – die Stimmungsschwankungen, die Gleichgewichtsstörungen, die entgleitende Kontrolle der Gesichtszüge.

›Wie betrunken‹, flüstern manchmal die Leute auf der Straße hinter seinem Rücken. Meine Mutter erzählt mir das dann oft hoch empört am Telefon. Aber der Gedanke, jemand hätte vor der Geburt die Herztöne meines Zwillingsbruders beendet, ist mir viel unvorstellbarer.«

Benjamin hat das langsam und leise gesagt.

Nina weiß, wie ohnmächtig die Frauen sich oftmals fühlen, wenn sie das Wissen der Diagnosen in den Händen und im Kopf halten. Manche verzweifeln in dieser Ohnmacht, manche gehen aus ihr zu einer ganz anderen Form über. Nina erzählt Benjamin von der Mutter, die erfahren hatte, dass ihr Kind nach der Geburt eine verschwindend geringe Lebenserwartung hat. »Und wenn es eine gemeinsame Stunde ist. Die werden wir haben«, hatte die Mutter damals gesagt.

Als Benjamin und Nina die schwere Hoteltür öffnen, ist klar, dass jetzt kein Raum mehr bleiben wird zum Weiterreden. Auch in den Tagen nach dem 24. gibt es dafür keine zweite Gelegenheit. Benjamin muss zeitiger abreisen. Bevor sein Urlaub vergangen ist, möchte er doch noch einmal bei seiner Familie vorbeischauen. »Vielleicht treffen wir uns ja mal«, schlägt Benjamin vor – und reicht Nina seine Karte. Rechts auf der Visitenkarte schimmert ein kleines goldenes Krönchen.

Nina fragt nicht danach und steckt die Karte ein. Bald wird sie auch im Flugzeug sitzen und dann wieder vor den Wehenschreibern stehen: wie die Magier, von denen der Oberarzt mal sprach und woran er sich wahrscheinlich gar nicht mehr erinnert. Voller Bewunderung und Andacht? Oder doch eher wie Techniker und Analysten – nur einer Fremdsprache mächtig, die keiner weiter im Raum versteht?

Die Magier – mal mit, mal ohne Krone – sie schwirren

doch noch durch Ninas Kopf. Auch die drei aus der Krippe in der kleinen Kirche im »Oberdorf«.

Und wenn sie dem Oberarzt, der das von den »Magiern im Stall« erzählt hatte, eine Krone schenken würde, so ein kleines Kinderkrönchen, wie man sie im Spielzeugladen in allen Varianten erhält? Soll er doch, sollen sie doch am besten alle in der Klinik immer dann ihre Kronen aufsetzen, wenn sie wieder mal begeistert und sprachlos vor dem stehen, was das Leben so hervorbringt, was es an neuen Anfängen gibt.

Eigentlich könnte sie Benjamin einmal anrufen. Irgendwann, wenn sie mehr Zeit hat.

Müde Gesellschaft

Die hüteten des Nachts ihre Herde ...
Lukas 2,8

Menschen, die nachts arbeiten, haben für mich etwas Besonderes. Ich selbst bin dafür nicht gemacht. Ich werde unruhig, wenn ich nachts keinen Schlaf finde. Und dann bin ich morgens erschöpfter, als ich es in diesen dunklen Tagen ohnehin schon bin. Was machen Nachtarbeiter eigentlich mit ihrer Erschöpfung und Müdigkeit? Wahrscheinlich folgen sie schon längst nicht mehr jedem Impuls und jedem Reiz. So stelle ich mir die Hirten vor. Ihre Tage, vor allem ihre Nächte draußen bestehen aus Zwischenräumen des Wartens und Beobachtens, aus dem absichtslosen Lauschen in die Nacht. Sie lernen sehen, selbst oder gerade in der Dunkelheit. Es entstehen ihnen dabei keineswegs hohe Gedanken oder besonders tiefsinnige Ideen. Sie lassen mehr bleiben, als dass sie es angehen. Ihre Aufgaben sind nicht viele, nicht überfordernd und ziemlich klar umrissen. Es bleibt viel Raum und Gelegenheit, dazwischen miteinander müde zu werden, zu warten. Von fern einander verwandt sind sie mit den Nachtarbeitern in der Stadt. Ich war einer von ihnen, immerhin mal für die Hälfte einer Nacht.

Wahrscheinlich hat jedes Lebensalter seine Schwächen und seine Krankheiten. Ich stelle meine gerade etwas deutlicher fest. Und ich nehme an, auch die ältere Generation kennt das, ohne viel darüber zu reden. Es ist nichts Aufdringliches, aber es klopft an, wenn ich mein Arbeitsprogramm so abspule und manchmal stundenlang nichts anderes sehe als meinen Computer. Computer können nur eins: ihr Programm runterrattern. Sie bringen es einfach nicht fertig zu zögern. Ich bin in einem Lebensalter, in dem ich mehr zögern, mehr anhalten möchte, mich umsehen und etwas neu sehen lernen möchte. Mit 45 Jahren wird langsam klarer, ich muss nicht aus jeder meiner Schwächen eine Stärke zaubern und aus jeder Verwundung oder Enttäuschung irgendetwas Gutes herausholen müssen. Kann man die Dinge nicht endlich auch mal so benennen und belassen, wie sie sind: nicht immer gut?

Nicht gut waren für mich die vergangenen ungefähr 30 Weihnachtsfeste mit meiner Familie. Ich rede nicht von den Kinder-Weihnachtstagen. Was hätte ich daran auszusetzen? Ich rede von unserer Art und Weise, als Familie erwachsen Weihnachten zu feiern. Ich bin dieses Rituals überdrüssig geworden und werde nicht acht Stunden Zugfahrt auf mich nehmen, meine Eltern für 24 oder auch 28 Stunden besuchen, mittendrin tödlich gelangweilt sein von den lautstarken Materialschlachten meiner pubertierenden Nichten und Neffen und dann halb benommen und tödlich uninspiriert wieder in mein Stadtleben zurückkehren. Ich habe mir nie etwas aus Dingen gemacht. Meine zwei Zimmer hier in der Stadt beinhalten fünf Möbelstücke. Ein skandalöser Kontrast zum Häuschen meiner Eltern in München-Pasing. Ich bin im Minimum heimisch.

Meinen Eltern bleibt das sicherlich fremd. So fremd wie meine Entscheidung, die Anwaltskanzlei nur noch im Kleinen fortzuführen und dafür mehr Theater zu spielen, so fremd wie meine Entscheidung, lieber angehende Schauspieler im Fechten zu unterrichten für 100 Euro Aufwandsentschädigung, als angehende Juristen in Repetitorien auf das Examen zu trimmen für das mindestens Achtfache an Bezahlung. Ich bin die Frage nach Geschenken leid. Meine Eltern stellen sie schon länger nicht mehr. Ich habe alles, weil ich mich entschlossen habe, so gut wie nichts zu haben.

Ich wollte Heiligabend gern etwas für andere tun, nicht für mich. Für mich tue ich ja schon alles den Rest des Jahres. Meine Nachbarin im selben Aufgang hatte mich auf diese Spur gesetzt, und jetzt gingen wir einfach gemeinsam darauf zu.

Ich habe Heiligabend für 300 Gäste in einer gar nicht mal so schlecht geheizten Kirche Rosenkohl und Rotkohl ausgetragen. Wie man es anstellt, dass alle gleichzeitig etwas zu essen erhalten? Nicht so einfach! Die Kohlsorten müssen nämlich auch unterschiedlich behandelt werden, habe ich gelernt. Unter den 300 Gästen waren ganze Familien – schon seit dem Kaffeetrinken mit riesigen Torten und selbst gebackenen Kuchen. Etwa 200 von ihnen waren Wohnungslose, die anderen waren Flüchtlinge: Serbokroatisch, Kurdisch, Armenisch und Russisch habe ich gehört, bilde ich mir zumindest ein. Egal ob Flüchtling oder wohnungslos, alle haben denselben mit Plastiktüten überzogenen Stuhl erhalten. Ich frage mich, wer hier wen wovor schützen wollte. Heilig Abend auf einem Stuhl mit blauen Müllbeuteln verklebt. Das hat es nicht gerade gemütlich gemacht. Gemütlich ist wahrscheinlich auch insgesamt nicht das richtige Wort für diese Massenweihnacht. Es war laut und geschwätzig und Gott sei Dank wegen des großen Kirchenraums nicht stickig. Mir war dabei gar nicht so unwohl. Wir haben eine kleine Ausgabekette gebildet – meine Nachbarin, ich, die Chefin und ein Ehepaar – vielleicht zehn Jahre jünger als meine Eltern. Die machen das jetzt schon das sechste Mal, und es würde von Jahr zu Jahr besser werden, sagt die Frau. Von Jahr zu Jahr mehr Spaß.

»Welcher Kummer muss im eigenen Wohnzimmer vergraben sein, dass man diesen Abend hier mit jährlich wach-
sendem Spaß betrachtet?«, hat meine Nachbarin gerätselt.
Mir kam so eine Frage nicht. Man muss nicht immer das
ganz große Drama erlebt haben, die ganz große, spektaku-
läre Umwendung aller Gewissheiten, um mal was Neues
auszuprobieren. Sieht man ja an mir. Viel Zeit zum Reden
war jedenfalls nicht. Ich hatte neben dem Rosenkohl und
dem Rotkohl auch die Aufsicht über die Hühnchenbeine
und die Soßen – dunkel und hell.

Nachdem alles auf die Tische gebracht war, konnte ich
mich dazusetzen und mich unterhalten; ja ich habe ernsthaft gedacht, dass man sich einfach so unterhalten kann –
weniger mit den Flüchtlingen, wegen der vielen verschiedenen Sprachen, mehr mit drei, vier obdachlosen Männern.

Keiner der Gäste wollte mir glauben, dass ich eigentlich
Strafverteidiger bin. Ich hätte locker den einen oder anderen meiner Klienten hier treffen können. Die Gesichter
vieler Männer haben den Ausdruck, den ich schon aus meinen Pflichtverteidigungsterminen kenne. Irgendwas zwischen sehr aufgebraucht und verschlagen-abwartend, aber
gleichzeitig auch anrührend, fast wie entwaffnet. Es ist das
Lied aller Heruntergekommenen in verschiedenen Melo-
dien und Textvarianten, ich bilde mir ein, es zu kennen.

Ich habe gegenüber Obdachlosen noch nie gefremdelt.
Ich war also am richtigen Platz. Vom Programmhöhepunkt
kann ich das nicht so ganz behaupten: Der kam in Gestalt
einer irgendwie kompakten Dame in langen Gewändern.
Sie hatte offensichtlich den Auftrag, eine möglichst unver-
fängliche, das heißt irgendwie allgemeingültige Weihnachtsgeschichte zu erzählen. Schlecht vorgetragene Texte haben
mich immer wieder, besonders in der Kirche, gestört, so
sehr gestört, dass ich in meiner Theatergruppe selbst gern
mal einen Pfarrer spielen wollte. Kann man das nicht alles
irgendwie besser machen …?

Belanglose Texte haben keine Wirkung. Da konnte der

Pfarrer dann nur noch fragen, ob noch jemand ein Anliegen oder eine Geschichte oder Weihnachtsbegebenheit hat, die er gern mit den anderen teilen möchte. Auf der Säulenseite stand jemand auf und meinte, sein Kumpel sei vor vier Tagen gestorben. Erfroren. »Er wollte sich einfach nicht mehr helfen lassen.« Der Pfarrer schlug vor, eine Schweigeminute einzulegen. Die Flüchtlinge haben nicht so ganz verstanden, was »Schweigeminute« bedeutet – und die Wohnungslosen aus anderen Gründen wahrscheinlich ebenso wenig. Die Kinder hatten ohnehin was anderes vor; und so ist die Schweigeminute in einem ziemlichen Stimmentumult untergegangen.

Und dieser Tumult kam zum Höhepunkt, als die gespendeten Pakete verteilt wurden. Mich hat das alles eigentlich nicht so interessiert, aber es war offensichtlich: Davon etwas zu bekommen war allen, die hierher gekommen waren, sehr wichtig, wenn nicht das Wichtigste. Warum auch nicht? Wenn es an allem fehlt – und das schon seit Jahren, dann drängt mich doch alles nach eine paar Chucks, nach T-Shirts und DVDs. Ich hatte zum ersten Mal so was wie Sympathie für diese Begehrlichkeiten. Mit einem Mal habe ich in Gedanken die Begehrlichkeiten meiner Nichten und Neffen zu Hause mit anderen Augen gesehen. Sie haben jedes Jahr Heiligabend denselben Höhepunkt wie diese Familien hier.

Kurz vor Mitternacht haben wir noch aufgeräumt, Geschirr gestapelt, Berge von Verpackungsmüll vor die Seitentür der Kirche gestellt. (Fast wie Weihnachten bei meiner Familie. Da wird ja dann auch schon mitten in der Nacht alles wieder »ordentlich« geräumt, egal ob's gemütlich ist oder nicht. Das Packpapier schon auf einen Stapel gelegt, die Kerzenstummel zusammengesammelt, alle Gläser in der Spülmaschine verstaut, kein Schleifenband mehr auf dem Fußboden.)

Dann sind wir über die frische Schneedecke der Nacht losgezogen, meine Nachbarin und ich. Wenn wir nicht so derart erschöpft gewesen wären, hätten wir vielleicht gern genau jetzt einigen Menschen erzählen wollen, was wir erlebt hatten.

Warum sollte ich nächstes Jahr nicht noch einmal den Nachtarbeiter geben? Es war mein bestes Weihnachtsfest.

Die ich noch gestern war

Und die Klarheit des Herrn leuchtete um sie ...
Lukas 2,9

90 mal 40 Zentimeter. Größer ist die Orgelbank nicht. Das ist ihr Platz. Hier verdient sie sich spielend bei Trauungen und Taufen das Geld. Sie legt es an in Noten, Fahrkarten, Mensaessen und Klamotten. Hier kann sie atmen, nachdenken, zu Hause sein. Die neun Quadratmeter im Studentenwohnheim geben ihr nichts von der Ruhe, die sie braucht. Aber diese Orgelbank, auf der Tag für Tag Kirchenmusiker und Organisten mit einer sehr hohen Meinung von der eigenen Kunst üben. Doch die Übungszeiten in der Nacht sind für sie allein reserviert, die Studentin. Die Nacht ist ihr Tag. Dann holt sie sich den Schlüssel für die Kirche aus dem Tresor, verriegelt die große Holztür gleich nach dem Hineinschlüpfen wieder hinter sich und sucht sich den Weg über die Treppe nach oben zur Orgelempore. Das große Licht will sie dafür nicht anschalten. Dementsprechend lange dauert es, die in Jahrhunderten ausgetretenen Stufen hinaufzukommen. Draußen muss nicht gleich jeder sehen, dass sie Nacht für Nacht auf der Orgelbank sitzt. Kaum jemand hört sie. Die Töne aus den Pfeifen bleiben in der nachtschwarzen, eiskalten Kirche hängen. Wenn es dann, was oft vorkommt, zu spät geworden ist für den Weg nach Hause, wartet sie in der dunklen Kirche auf den Morgen. Kurz vor fünf Uhr, das weiß sie, kommt der Hausmeister und macht seinen Rundgang. Vorher verschwindet sie.

In den Dezembernächten hängt ein leuchtender Stern genau in der Mitte der Kirchendecke. Per Automatikschaltung beginnt er seine Leuchtarbeit in den Morgenstunden und kurz vor 22 Uhr abends stellt er den Leuchtbetrieb wieder ein. Die Studentin weiß, wie man die Automatik ausschaltet, damit der spitzzackige Herrnhuter in rot und gelb auch nach 22 Uhr leuchten kann. Er ist natürlich zu klein, um irgendetwas hell zu machen in der großen Kirche. Aber es entsteht zumindest so etwas wie ein freundlicher Lichtzacken. Den ahnt sie dann im Rückspiegel, der an der Orgel befestigt ist.

Hin und wieder, wenn sie zu lange geübt hat und zu erschöpft ist, fürchtet sie sich vor diesem Rückspiegel. Sie fürchtet sich vor Gesichtern, die plötzlich aus der Kirchennacht auftauchen könnten, unheilige Fratzen. Immer wieder hat man ihr mit besorgtem Tremolo, dunklen Blicken und gerunzelter Stirn das Unheil vorgebetet – die Eltern, der Arzt, der es natürlich sehr ernst und sehr gut meint. Bestimmt! Allen Mut muss sie dann zusammenkratzen, um sich selbst zu beruhigen und Richtung Spiegel zu sehen. »Es ist nichts – nur das Zackenlicht des kleinen Sterns. Niemand und nichts lauert auf dich. Selbst die Gespenster der Tage von gestern und vorgestern wollen mal schlafen.«

Sie schafft es, länger wach zu bleiben als die Gespenster. Sie überlistet sie alle mit Schlaflosigkeit – und mit den Noten und Abfolgen, die noch in Kopf, Hände und Füße müssen. Die Kantorei braucht Begleitung – ordentlich und möglichst fehlerfrei, das letzte Vorweihnachtskonzert für dieses Jahr steht an. Sie wird es an der Orgel begleiten: »Herrscher des Himmels, erhöre das Lallen, lass dir die matten Gesänge gefallen.« An ihr soll es nicht liegen!

Sie übernimmt fast jeden Auftrag, ist so gut wie immer zu Diensten, wenn sie nur irgend kann. Ob jemand noch etwas anderes an ihr wahrnimmt als ihre Verfügbarkeit? Sie hat in der Tat was von einem Continuo; erst wenn er nicht mehr da ist oder aus der Reihe tanzt, fällt er auf. Sie ist der Generalbass der anderen. Das ist 1000-mal besser, als der schiefe Ton in den Harmonien derer zu sein, denen das Leben so umstandslos von der Hand geht.

Das mit dem umstandslos leichten Leben würde sie gern mal für sich behaupten. Sie hat längst hingenommen, dass es immer lichtloser werden wird, dass die Hell-Dunkel-Unterschiede schon jetzt und dann wohl auch zukünftig immer schwerer auszumachen sind. Ihr persönliches Gespenst heißt Diabetes und führt eines nahen Tages in die völlige Dunkelheit. Sie weiß das. Gegen dieses Wissen und die Dauerklagen der Mutter hat sie sich gewehrt – immer wieder – gegen das Spritzen, gegen das Einhalten der Zeiten. »Du zahlst den Preis …«; diesen Satz hätte ihre Mutter ruhig in Stein meißeln können.

Was nützt es der Studentin zu wissen, dass es ein paar Tausend allein in Deutschland sind, denen es genauso geht. Sie hat versucht, die Sache mit den Spritzen, die permanenten Untersuchungen und das ständige Ausfüllen von Tabellen aus dem Alltag zu drücken. Das Klavierspielen war dafür bestens geeignet. Später wurde es die Orgel. Keine übliche Pflicht wie die Pflicht anderer Kinder, die ein »Instrument lernen müssen«. Das Instrument war ihr wie eine Höhle, in die sie sich verkriechen konnte – vier Stunden, fünf oder sechs. Wenn sie heute lange genug spielt, sieht sie die Welt aus Kindertagen – den kleinen Balkon vor dem Wohnzimmer; einen Garten gab es nicht; das Gesicht ihrer Erzieherin damals im Kindergarten mit fröhlichen Grübchen um Mund und Augen, das frisch aufgeschlagene Bett in ihrem Zimmer, bevor sie hineinspringen konnte. Sie hasst ihre Angst bei dem Gedanken, dass sie eines Tages all diese Bilder tatsächlich nur noch im Innenauge sehen wird. Wird sie wirklich blind sein?

»Ich will dir leben hier …«

Im Internat in Weimar hat sie das Gefühl kennen gelernt, vieles zu können, ohne es wirklich sehen zu müssen. Sie fühlte sich dort wie die Botschafterin eines Landes, in dem man nicht gut sehen, sondern vor allem gut hören sollte. So einfach ist das – meistens! Das Internat war mehr Flucht als alles andere. Aber hier hat sie das Abitur geschafft, ihr Musikstudium vorbereitet und mit diesem Wunsch ihre Eltern noch mehr vor den Kopf gestoßen als mit ihrer Entscheidung, 16-jährig und massiv sehbehindert in eine andere Stadt zu ziehen. Für sie aber war es genau der rettende Abstand, der eigentlich räumlich offenbarte, was schon lange bestand. Aus eigener Kraft hätten die Eltern ja ihre Deutungsmacht über die Krankheit der Tochter nicht abgegeben: »Du hast doch nur uns.«

Überforderte Eltern sind schlimm; sich selbst bemitleidende und überforderte Eltern sind noch schlimmer. Damals zumindest waren sie es.

»Ich will dir leben hier, dir will ich abfahren, mit dir will ich endlich schweben, voller Freud ohne Zeit, dort im andern Leben.« Die Worte zu der Melodie, die unter ihren Händen und Füßen entsteht, weben sich in ihre Gedanken.

Anders leben, das steht doch noch aus; das geht doch bestimmt erst los, so wie ein Zug, dessen Abfahrt angekündigt wird. Wann geht es los? Auf irgendetwas scheint das Zugpersonal noch zu warten. Die Sekunden dehnen sich in gefühlte Ewigkeit. »… dir will ich abfahren …« So ein »Du«, das kann sie sich gut vorstellen. Der Gedanke an ein »Du« ist zumindest wohltuender als der ans Ich.

»Schließe mein Herze, dies selige Wunder fest in deinen Glauben ein! Lass diese Wunder, die göttlichen Werke, immer zur Stärke deines schwachen Glaubens sein.« Kennt sie einen anderen Zustand als Schwäche? Seitdem sie über sich nachdenken kann, scheint sie nur in der Kategorie des Schwachseins von sich gedacht zu haben. Wie es vorher gewesen sein muss, kann sie sich nicht mehr in Erinnerung rufen. Ihre einzige Stärke besteht wahrscheinlich darin, ihre Schwäche gut zu verstecken. Warum aber verstecken? Die entstellende Brille – noch ist es eine Brille –, die schreibt ihr die Schwäche auf die Nase, entstellt alles Schöne und provoziert bloß Bedauern und Befremden. »Mein Augenstern«, hat ihr Vater hin und wieder gesagt, wenn er ganz besonders guter Laune und sie als Tochter ganz besonders guter Leistung gewesen war. Als das Augenlicht immer schwächer wurde, schien es ihm wohl nicht mehr so passend. Wann hatte sie das ein letztes Mal gehört: »Mein Augenstern«? Heute tauschen sie Oberflächlichkeiten aus, lose und schwach sind ihre Wortwechsel.

Schwach ist auch das, was da noch an Glauben in ihr heruntergedimmt ist, noch schwächer als das kleine Zackenlicht im Rückspiegel – von ihr nur gewusst, aber nicht mehr wirklich gesehen. Der »Augenstern« hat den Glauben zwischengelagert. Gerade so wie ihre Sachen, die nicht mehr in die Studentenbude passen. Auch die sind irgendwo verstaut für eine geringe Monatsmiete. So lagert ihr bisschen Glaube wahrscheinlich in den Stimmen und Takten, die sie vor sich aufgeschlagen sieht und zunehmend mehr ahnt als sieht.

Worte ohne Musik sind nicht ihre Sache. Die kommen ihr allenfalls vor wie Fische, die auf dem Trocknen liegen. Immer mehr Noten will sie in den Kopf und in die Hände nehmen. Bald wird das Lesen gar nicht mehr möglich sein. Dann wird sie neu lesen lernen müssen, die Schrift eines Mannes, der ja auch mal Organist war: Louis Braille. Sie weiß von seiner Notenschrift für Blinde. Aber jetzt doch noch nicht! Die Mutter überschüttet die Tochter mit ständig neuen technischen Wundermitteln. Die Pakete stehen zum Teil unausgepackt im Zimmer. Akustische Ausgaben zum Erlernen von Brailles großer Erfindung gehören dazu. Selbst das neue Blutzuckergerät hat akustische Signale. Als ob sie schon blind wäre! Zynisch so was! Und dann noch die eigene Mutter!

Am liebsten hätte die Mutter, dass die Tochter weniger studiert, dafür endlich mit dem Langstocktraining beginnt. Mit 25 Jahren! »Geht es ihr besser, wenn sie mich hilfloser erlebt?«, wütet die Studentin über die Tasten. Diabetische Retinopathie. Die Krankheit ist in ihr. Aber sie ist – Himmel noch mal – nicht die Krankheit! Bekommt sie diesen Gedanken jemals in den Kopf ihrer Mutter?

Schon jetzt spürt sie, wenn Menschen sie anschauen wie

eine vollkommen Blinde. Hin und wieder spürt sie diesen Blick auf sich, als ob sie ein Fenster wäre, in das man nicht hineinschauen könnte. Ein Blick, der sagt: Sie sei verschlossen, verborgen, dunkel und geheimnisvoll. Schon jetzt spürt sie diese seltsam dämlichen Urteile über Menschen, die nicht sehen.

»Und die Klarheit des Herrn leuchtet …« Ein Leuchten, das die Dinge endlich mal klarstellen würde. Ein Leuchten, das Schluss machen würde mit den Schubladen – entweder die Schublade, jeder Blinde sei besonders begabt, oder die Schublade, Blindsein bedeute ausschließlich Mitleid suchende Hilfsbedürftigkeit. Dann gab es da noch die Schublade des ewigen Kindes.

Von wegen »ihrer Herrlichkeit Glanz hat nur der Blinde erschaut …« Schiller hat doch nichts verstanden! Die Klarheit des Herrn, eines Gottes oder wessen auch immer, soll bitte schön die Studentin anschauen und nicht die Studentin die Klarheit des … wer auch immer.

Die Orgelspielerin wendet sich um. Sie schaut jetzt in die wirklich unheimlich dunkle Kirche, die sie eben noch im Rücken hatte. Langsam klettert sie mit steif gewordenen Beinen von der Orgelbank. Hier oben auf der Empore steht sie jetzt wie die Königin, die hinabschaut auf das Reich der leeren Bänke. Die Königin der Nacht? Manchmal steckt so viel Ärger in ihr, dass sie tatsächlich zu so einer Koloraturen singenden Nachtfurie werden könnte. »Wahrscheinlich war die Königin auch blind, sonst hätte sie doch die Nacht nicht dem Tag vorgezogen …«

»Wer die Nacht liebt, ist ein Feind …?« – Nicht für die, die jetzt alles sehen kann, wenn auch nur für den Bruchteil eines Augenblicks!

Irgendwie scheint die Birne im Stern durchgebrannt zu sein – »schaut hin, der liegt im finstern Stall, des Herrschaft gehet überall …« All die frommen Worte. Was ist das für eine Herrschaft – nicht zu sehen, selten zu spüren, aber da? Wer oder was, welches »Du«, ist jetzt noch anwesend?

127

Sie schüttelt den Kopf: »Räum mal dein Hirn auf, aber vorher: Üb deinen Part. Das ist, was du brauchst.«

Die Hände sind steif vor Kälte. Jeder Ton wird zur Anstrengung. Nachdem sie sich wieder auf die Orgelbank gesetzt hat, wagt sie nicht mehr aufzustehen. Die Müdigkeit könnte zu mächtig werden. Die Ängstlichkeit. Noch kommen die Töne. Registerwechsel. Schon hört sie den Chorleiter sagen: »Das klingt aber irgendwie … unerlöst …« – Einmal mit den Unterarmen quer auf's Manual. Die Orgel schreit auf.

Schlimmer als unerlöst, ist es, unausgeschlafen zu sein. So setzt sie sich doch für einen kleinen Moment – »aber wirklich nur kurz!« – auf die Stufen neben der barocken Orgel. Die Engelköpfchen zwischen den riesigen Orgelpfeifen gucken mild und kindlich über sie hinweg in den schwarzen Kirchraum. Sie weiß das, ohne den Kopf nach oben zu heben. Augen von anderen – ob Putten oder Menschen – mag sie nicht mehr so gern anschauen. Es lähmt etwas in ihr.

Nur einmal kurz ausruhen, die Arme hängen lassen, Schultern lockern, Augen schließen. Die Stille. Die Kälte.

Sie gleitet trotzdem in den Traum. Alle stehen auf der Empore, die Sopranistin, mit unverwechselbarem Tremolo. Die viel zu scheue Mittvierzigerin im Alt, die vor lauter Peinlichkeit den eigenen Einsatz in neun von zehn Fällen verpasst. Sie sieht den arbeitslosen Bass, der seit Jahren mitsingt, aber bei den Proben immer wieder nasse Augen und eine brüchige Stimme bekommt: »… zu ruhn in meines Herzens Schrein, dass ich nimmer vergesse dein.« Der Tenor, Mitte 40, der nicht eine Note lesen kann, sondern auf rätselhafte Weise alles nach Gehör singt. In den Probepausen bleibt er immer kerzengerade auf seinem Platz sitzen, schaut auf ein und denselben Punkt im Kirchraum und wirkt, als sei sein Innerstes verreist – an einen fernen Ort.

Man kann tatsächlich zusammen singen »Dies hat er alles uns getan« und so wenig voneinander wissen … Das gilt auch für den Stimmbildner. Er ist immer zu den Proben da.

Darüber hinaus hilft er auch der Organistin regelmäßig an der Orgel. Dann ist er nämlich ihr Auge in den Kirchraum hinein, assistiert gewissermaßen durch den Gottesdienst oder durch Konzerte und sagt, nein: flüstert ihr, was unten im Kirchraum geschieht. Denn auf die Entfernung kann sie selbst mit größter Anstrengung nichts mehr erkennen. Aber was macht dieser Eben-noch-Assistent jetzt hier?

Er summt ihr die Melodie eines Liedes ins Ohr. Sie kennt es im Schlaf – und möchte fast mitsummen: »Von Gott kommt mir ein Freudenschein, wenn du mich mit den Augen dein gar freundlich tust anblicken. … Nimm mich freundlich in deine Arme und erbarme dich in Gnaden. Auf dein Wort komm ich geladen.« Es klingt wie ein Liebeslied. Aber so hat Philipp Nicolai das vor über 400 Jahren sicher nicht gemeint … Hört sie sich das gerade selbst sagen? Egal, sie ist zu müde, um zu unterscheiden, ob da noch jemand ist – neben ihr; ob sie es ist, die mit sich selber spricht und summt.

Die Müdigkeit hat sie jetzt so gut wie schwerelos gemacht. Sie lächelt: Was für ein herrlich barockes Wort vom »Freudenschein«. Wie oft hat sie es gehört und gesungen? Und doch ist sie ein Zaungast geblieben. Dort am Zaun sieht sie sich stehen, Beobachterin nur des Freudenscheins, den immer die anderen auf ihrer Seite haben. Immer?

»Du bist nicht das Publikum, kein bettelnder Zaungast. Du bist nicht Bettlerin, sondern Königin – nein, nicht die der Nacht, sondern die des Himmels.«

Die Himmelskönigin?

Lächerlich, denkt sich die Musikerin. »Maria auf der Mondsichel« à la Dürer; das belustigt sie fast. Maria, die eben noch in der Höhle zur Geburt hockte, schaukelt königlich auf dem Mond. Ach was!

»Ja, du, eine Himmelskönigin. Königinnen deiner Art sitzen auch mal im Stroh, aber sie passen sich nicht an. Sie bleiben, was sie sind: Beauftragte des Himmels. Du wirst dich selbst nicht los. Schau auf das, was dir der himmlische Auftrag angeboten hat. Sicher können uns die Aufgaben Gottes in den Wahnsinn treiben. Aber wäre das ein Grund, in die Nacht des Selbstmitleids zu versinken? Du bist klüger! Du siehst doch klarer!«

Die Studentin will das so nicht gelten lassen. Was redet dieser Möchtegern-Assistent? Besser, er gibt ihr weiterhin Einsätze, besser, er hilft weiterhin beim Registrieren, ist ihr Auge in den Kirchraum hinein – und den Rest behält er für sich … Welches Rätsel will er lösen, welchen Knoten öffnen? Er gibt sich klug? Gut. Dann soll es diese eine Frage sein: »Warum werden die einen beim Anblick Gottes blind, selbst wenn es nur für kurze Zeit ist? Zum Beispiel dieser Paulus? Und warum können andere dieses Gotteskind, ja, Gott selbst, vor sich sehen, nah an der Krippe niederknien und dennoch das Augenlicht behalten? Oder steht etwas davon in der Geschichte, dass die Hirten die Höhle mit Langstock verlassen, um den Leuten in Bethlehem zu sagen, was sie gesehen haben?« Der Assistent flüstert jetzt wieder etwas, aber sie versteht es nicht.

Unten knallt es. Das kann nur die Kirchentür sein, die gerade ins Schloss krachte. – »Ich muss eingeschlafen sein?« Sie spürt den Abdruck der Hand unangenehm, fast schmerzhaft, auf ihrem Gesicht, und einen leichten Faden Speichel bemerkt sie und wischt ihn irgendwo hin. Einen Moment braucht sie, sich in Zeit und Raum zu orientieren. Hat sie nicht gerade die letzten Takte begleitet? War nicht gerade der »schöne Morgenstern« tatsächlich angebrochen – oder war es das »schöne Morgenlicht?« Davon ist jetzt jedenfalls nichts zu spüren. Nur ein Moment der geschlossenen Augen: ein Augenblick zwischen Ton und Stille, Licht und Dunkelheit hat genau sie gemeint, mit ihr gesprochen – oder gesungen?

Was auch immer es war, durch die Kirchentür nach draußen setzt sie ihre Schritte, als ginge sie nicht allein.

Familienzusammenführung

> *Das Kind aber wuchs und wurde stark,*
> *voller Weisheit, und Gottes Gnade war bei ihm.*
>
> Lukas 2,40

Lola will Familie. Lola will einfach mal gemeinsam mit einem Bruder, vielleicht auch einer Schwester, mit Eltern, eventuell auch einer Tante und den Großeltern Weihnachten feiern. Mal zusammen an einem Tisch sitzen, an dem alle durcheinanderreden – und das am liebsten nicht nur Heilig Abend. Lola ist zehn Jahre alt und lebt bei ihrer Oma. Eine Familie, wie sie in dem Weihnachtsbuch und auf dem Adventskalender abgebildet ist, die hat sie nicht. Ihre beiden jüngeren Geschwister sind bei Pflegeeltern untergebracht. Besuchskontakte gibt es ab und an.

Oma nennt ihre Enkelin beim vollständigen Namen: Charlotte. Sie ist die Einzige, die das darf. Alle anderen müssen Lola sagen – in der Schule, beim Schwimmen und im Chor. Lolas Oma sieht nicht gerade aus wie eine Oma. Im Gegenteil. Das Allermeiste an der »alleinerziehenden Großmutter«, wie sich Lolas Oma hin und wieder selber nennt, ist schick und elegant. Vielleicht hängt das mit ihrem Beruf am Theater zusammen. Dorthin radelt die Frau Anfang 60 Tag für Tag. Dort findet ihr Berufsleben statt. Eleganz und Körperhaltung gehören daher fraglos zur ganzen professionellen Erscheinung der »alleinerziehenden Großmutter«.

Lola lebt seit ihrer sechsten Woche bei der Oma. Der Weg dorthin war dramatisch. Lola kennt nicht alle Details dieses Dramas – noch nicht. Während die Enkelin im Schülercafé die letzten Marmeladengläser für den Adventsbasar einfüllt und verschraubt, sehe ich in den Worten der Großmutter die vergangenen Jahre von Lola und ihr vorbeiziehen. Lolas Oma kann eben nicht nur gut Theater spielen; sie hat auch etwas zu erzählen.

131

»Kurz vor der Jahrtausendwende war klar, dass wir uns trennen – mein Mann und ich. Lächerlich nach 26 Jahren, dachte ich, ungefähr so lange, bis seine Möbel abgeholt und alle seine Kleidungsstücke aus der Wohnung verschwunden waren. Verschwunden in einem anderen Leben. Irgendwie schien alles und jeder in ein anderes Leben zu verschwinden. – Hauptsache weg von mir.

Ich musste offenkundig etwas vom fünften Rad am Wagen haben. Ich war das entbehrliche Element im Leben meines Mannes und auch meiner Kinder geworden. Meine Tochter, die Ältere, war drei Jahre vorher ausgezogen. Das hätte ich mir damals auch harmonischer vorstellen können. Wir hatten nach ihrem Auszug sporadisch Kontakt, bis ihre Aussetzer kamen. Da war sie Anfang 20 und hatte irgendwann gar keine richtige Adresse mehr. Gab es mal einen Kontakt, dann redete sie Sätze, die ich beim besten Willen nicht verstand; oder sie weinte bitterlich. Wenn sie einen Freund hatte, ging es ihr meist gut, bis das wieder kippte. Dann war sie für Wochen wie vom Erdboden verschluckt. Irgendwann ist mir klar geworden: Sie lebt gar nicht mehr in Berlin, und ich weiß nicht, wo sie überhaupt gelandet ist. Schlafmittel und Gemütsauffrischer oder Blutdrucksenker. Das war meine Antwort. Wenn ich an diese Zeit zurückdenke, dann auch an all diese hässlichen kleinen Nebenwirkungen.

Irgendwann war ich fertig mit meinem Selbstmitleid und meiner Traurigkeit. Katharina, meine Tochter, war und blieb weg. Ich musste durch jeden einzelnen Tag kommen. Schließlich hatte ich einen Beruf. Wenigstens konnte ich mich lange an dem Gedanken festhalten, ich werde zumindest auf der Bühne gebraucht. Die Arbeit hat mir nicht nur die hohen Scheidungskosten finanziert, sondern meine Fluchten aus dem Trübsinn ermöglicht. Ich war ja gerade erst 55 geworden. Anfang Herbst war die Familienwohnung endgültig aufgelöst. Das Meiste verschenkt. Ich wollte den neuen Anfang am besten in einer kleinen Wohnung für mich gemeinsam mit ein paar guten Erinnerungen starten. Kaum war der neue Telefonanschluss eingerichtet, erhielt ich den ersten Anruf. Draußen konnte ich den ersten Schnee sehen, als ich den Hörer ans Ohr nahm.

›Sind Sie eine Verwandte von Katharina B.‹

Verwandte?

Was für ein seltsames Wort für eine aus dem Ruder gelaufene Mutter-Kind-Beziehung.

Ich erfuhr, dass meine Tochter stationär aufgenommen worden war. Sie habe sich gewünscht, dass ihre Familie benachrichtigt wird, sagte die Frau mit bayerischem Akzent.

In diesem Moment konnte ich mir nichts Unwahrscheinlicheres vorstellen als diese Information. Meine Tochter wollte tatsächlich ihre ›Familie‹ benachrichtigt wissen?

Was passiert war, hatte man mir kurz und nüchtern in ein paar Sätzen mitgeteilt. Psychotische Zustände wahrscheinlich nach langem und regelmäßigem Missbrauch von Suchtmitteln. Ich wollte es gar nicht im Detail wissen, hatte es schon immer geahnt.

Noch heute wundere ich mich über mich selbst: Warum bin ich nicht sofort losgerannt, habe ein Ticket gekauft, alles stehen und liegen gelassen – das Theater, die Einrichtung meines neuen Lebens? Warum bin ich nicht sofort nach München gefahren? Dort war sie gestrandet. Wahrscheinlich aus Angst! Für diese Situation gab es einfach kein Drehbuch. Ich hatte nicht Fantasie und Gefühl genug, etwas daraus zu machen.

Ich blieb in Berlin, schrieb ihr einen Brief ins Krankenhaus und verabredete einen weiteren Telefontermin mit dem Stationsarzt. Kann eine Mutter je so ihr Kind verlassen, auch wenn es schon 23 Jahre alt ist? Ich habe eigentlich nicht das Bedürfnis, mich zu rechtfertigen; ich würde mich nach über 50 Lebensjahren nur selbst ganz gern verstehen …

Wenig später wurde Katharina aus dem Krankenhaus entlassen. Bei unserem Telefonat sagte sie, es gehe ihr gut. Mehr wollte sie mir nicht verraten.

Da hatte sie noch vier Wochen bis zum Geburtstermin; das allerdings habe ich nicht geahnt.

Katharina hatte noch im Krankenhaus Hilfe erhalten. Eine Unterkunft vom Amt – für sich und das Baby. Diese Unterkunft hatte sie allerdings ebenso schnell verlassen, wie sie eingezogen war. Abermals eine Flucht – zu jemandem, den sie nur allzu gern als Freund gesehen hatte. Er muss mindestens ebenso unvorbereitet auf die Geburt gewesen sein wie sie. Als das Baby da war, ging es meiner Tochter noch viel schlechter. Das Geschrei der beiden Erwachsenen und die ersten zarten Töne des Kindes haben wenig später die Nachbarn alarmiert. Erst Monate danach erzählte mir die Frau vom Jugendamt: Die überforderte Mutter habe ein Fläschchen mit Wasser an die Gitterstäbe des Babybettchens gebunden. Daraus hätte Charlotte trinken sollen. So erklärte zumindest Katharina es nachträglich. Keine 20 Tage alt, das Baby! Charlotte wäre beinah verdurstet. Sie überlebte die nächsten Wochen nur, weil jemand Alarm geschlagen hatte.

Als mich das Jugendamt aus München anrief und bat, ich möge kommen, saß ich am selben Nachmittag im Zug. Alles, was ich in diesen Momenten wusste, passte eigentlich auf eine Postkarte: Katharina ist wieder im Krankenhaus in psychiatrischer Behandlung. Das Baby, ihr Baby, liegt intensivmedizinisch betreut in der Kinderklinik. Wohin zuerst?

Als ich Charlotte das erste Mal in der Kinderklinik sah, fiel mir ein, wo ich diesen schönen alten Namen schon einmal gehört hatte. Die schönste und liebste Puppe von Katharina – zwei Jahrzehnte war das her – trug damals denselben Namen. Ich erinnerte mich mit einem Mal deutlich an die braunen Kunsthaare, die steifen Glieder und den weichen Bauch der Puppe. Auf jeden Weg hatte Katharina sie mitgeschleppt. Auf dem Spielplatz wurde sie in die Sonne gesetzt und abends mit gebadet. Ganz abgegriffen sah sie irgendwann aus. Schließlich war sie verschwunden. Arme Katharina! Zum Kummer des Verlusts kam damals noch mein ganz und gar unmütterliches Geschimpfe dazu:

›Kannst du nicht einmal auf deine Sachen achtgeben?!‹

›Dir schenke ich nichts mehr, du verbummelst ja nur alles …!‹

Ob sich Katharina an meinen Ärger und die Enttäuschung noch erinnern kann?

Die Charlotte, auf die ich jetzt sah, war meine Enkelin! Im Wärmebettchen – an viele Schläuche und eine Ernährungssonde angeschlossen. Jeder Atemzug schien ein Zeichen zu sein:

›Schaut her, ich bin stärker, als ihr meint …‹

Ich hatte keinerlei Erinnerung mehr daran, wie klein Babys in ihren ersten Wochen sind. Verschwommen auch die Erinnerung an die weiche Haut, die allerkleinsten Fingerkuppen, das Zucken um die Mundwinkel, wenn sie schlafen.

Als ich Charlotte das erste Mal streicheln durfte, war es, als fiele mir alle Wärme und Liebe ins Herz, die mir für so viele Jahre gefehlt hatten. Für alle Fehlentscheidungen, falschen Wege, für alles, was falsch und schiefgelaufen war, wurde uns jetzt ein Kind geschenkt? Einfach so? Tief beschämt und beglückt zugleich, brauchten die Sorgen nicht lange, um sich bei mir zu melden: Was sollte jetzt werden? Wann kann Katharina wieder Kraft finden, für Charlotte da zu sein? Sie war doch schon sich selbst zu viel.

Ich sehe mich noch auf dem Weg aus der Kinderklinik zurück zum Jugendamt. Dort musste ein Gespräch gewissermaßen die Zukunft klären – die Zukunft von Charlotte und auch die von Katharina. Gern hätte ich mich auf dem Weg dorthin mit einem Menschen beraten, gern mit jemandem, der mich versteht, noch einmal alles angeschaut, was so unerwartet geschehen war. Dazu war keine Gelegenheit. Ich war allein in der Stadt unterwegs. Nieselwetter und kriechende Dunkelheit in Straßen, die ich nicht kannte. Würden Vorwürfe gegen mich und mein Verhalten im Raum stehen? Schlimm genug, dass Katharina gar nicht lange gezögert hatte, Charlotte zur Adoption freizugeben. Und ich? Würde ich wieder alles falsch machen? Ich habe die Fragen hinter mir hergeschleppt – rein durch die offene Tür des Jugendamtes.

Zwei Stunden später sah ich klar: ›Ich kann für Charlotte sorgen.‹

Nicht einen Moment habe ich an das Theater und meine Arbeit in Berlin gedacht … Jetzt war einfach noch nicht der Zeitpunkt dafür.

Was für ein Geschenk, dass ich auch nachts in der Klinik ganz nah bei Charlotte bleiben durfte. Wann immer ich wollte, durfte ich zu ihr gehen. Es dauerte keine zwei Tage, da konnte ich diese alten Handgriffe wieder: wickeln und halten. Als die Ernährungssonde abgenommen werden konnte, lernte ich wieder, den richtigen Neigungswinkel für die ersten Flaschenversuche gemeinsam mit diesem kleinen Kraftbündel herauszufinden.

Mithilfe des Arztes, des Jugendamts und begleitet von vielen Telefonaten haben wir dann Charlottes ersten Umzug vorbereitet – von München nach Berlin. Auch Katharina schien diese Lösung fast erleichtert aufgenommen zu haben. Schwere Konflikte um Charlotte, das konnte ich mir damals auch gar nicht vorstellen. Streit sollte später kommen.

Als ich damals mit Charlotte auf dem Arm und einer Riesentasche Baby-Komplettausstattung auf der Schulter ins Flugzeug Richtung Berlin einstieg, waren es noch 13 Tage bis Weihnachten.

Eine liebe Freundin, sie ist später eine der Patinnen von Lotte geworden, hatte in der Zwischenzeit binnen weniger Tage ein kleines Wunder fertiggebracht. Ein gebrauchtes Bett, eine gut erhaltene kleine rote Badewanne, jede Menge Bodys, Mützchen und Strickschuhe und eine Babyschale für das Auto waren organisiert. Mit dieser Schale stand sie dann am Flughafenausgang. Charlotte ist sofort darin eingeschlafen.

Weihnachten verfügte ich über einen fast noch modernen Kinderwagen, der vor Geschrei schaukelte. Was für eine Kraft dieses Baby entfalten konnte! Übrigens bis heute!

Dieser Kinderwagen hat viele Stunden in der Theatergarderobe gestanden. Charlotte wurde ein Theaterkind. Vom Hausmeister bis zum Bühnentechniker – jeder fand sie hinreißend; die Garderobieren trugen sie immer dann, wenn ich Vorstellung hatte, mit Hingabe von »Aufgang links« zu »Aufgang rechts« – und wieder zurück.

Irgendwann musste sich die alleinerziehende Großmutter entscheiden. Ich habe die Arbeit am Theater drastisch reduziert, um mehr für Charlotte da zu sein. Weniger Geld, aber mehr Zeit. Somit kannte ich mich plötzlich wieder aus auf den Spielplätzen bei uns im Wohngebiet. Ich war bestens informiert darüber, wie Mütter von heute denken und reden. Und ich habe mich davor gehütet, irgendeine mütterliche Altersweisheit zur Show zu stellen. Dazu gab es keinen Grund. Ich hatte genug falsch gemacht als Mutter.

Als Lotte das erste Jahr im Kindergarten hinter sich hatte, erzählte mir die Erzieherin, meine Enkelin hätte für die Krippe auch noch eine Oma gebastelt. In der Geschichte habe man die ja vergessen.

Meine Enkeltochter braucht manchmal mehr Aufmerksamkeit als andere Kinder. Sie tut sich nicht leicht damit, neue Gegebenheiten zu begreifen; sie leidet darunter, wenn eine Situation sie überfordert. Ihre Sprachentwicklung und Motorik werden einfach länger benötigen als bei anderen Kindern. Aber hier an der Krippe hat Charlotte gezeigt, was wirklich in ihr steckt und stellt eine Oma in den Stall.

Charlotte und ich werden das zehnte gemeinsame Weihnachtsfest feiern. Ich habe schon die kleine Briefnotiz bei ihr auf dem Kinderschreibtisch liegen sehen: LIEBER NIKOLAUS; KANST DU DEM WEINAKTSMAN SAGEN, ICH WILL FAMILJE.

Was nützt es da, die beleidigte Oma zu spielen und zu sagen: Genüge ich dir etwa nicht? Das wollte ich Charlotte nun wirklich nicht zumuten.

Welches Kind sollte schon ohne Familie groß werden? Ich hätte ihr auch etwas anderes gewünscht als Halbgeschwister bei anderen Pflegefamilien, eine kranke und betreute Mutter, einen unbekannten Vater.

Ich wollte nicht bis zum Heiligen Abend warten, um mit ihr darüber zu sprechen. Darum nehme ich sie heute mit zum Ausflug. Es gibt einen Ort, an dem ich mit ihr reden möchte – über ihren Weihnachtswunsch, unsere Familie, über das Mögliche und das Unmögliche.«

Alle Marmeladengläser sind jetzt fest verschraubt. Die meisten Kinder sind aus dem Schülercafé verschwunden. Natürlich bin ich neugierig und frage, wo dieser besondere Ort denn sein wird, an dem Oma und Lola miteinander reden werden. Aber Lola steht schon fertig angezogen in der Tür, die Schultasche auf dem Rücken, bereit für die Überraschung, und die will sie jetzt sehen … Sie ziehen los. Ich weiß nicht, wohin.

Einige Tage später frage ich Lola nach dem Ausflug mit der Oma. Lola grinst mich an: »Wir waren bei Anna im Museum. Das ist die Oma von Jesus.«

Natürlich hatte Jesus eine Oma. Das heißt, nach menschlichem Ermessen sollte man zumindest davon ausgehen, dass es eine Großmutter gegeben hat. Davon weiß die Bibel zwar trotz zeilenlanger Stammbaum-Angaben im Lukas- und im Matthäusevangelium nichts, oder sie schweigt zumindest darüber. Aber einige christliche Traditionen haben das Bild von jener Anna, der Mutter Marias, facettenreich und bunt gemalt. Regelrecht verehrt wurde diese Anna im 15. und 16. Jahrhundert, wahrscheinlich die Lieblingsheilige von Martin Luther. Anna war die Schutzheilige aller Mütter, aller Armen, aber auch der Bergleute und der Handelsleute. Ganz schön prominent, wenn man bedenkt, dass sie erst im zweiten Jahrhundert in einem Evangelium, das sich nicht in der Bibel befindet, nämlich dem des Jakobus, erwähnt wird. Wer weiß, vielleicht hieß sie noch nicht einmal Anna ... Die Forschung hat, was den tatsächlichen Namen angeht, gewisse Zweifel. Jedenfalls steckt das hebräische Wort der »Gnade« in dem Namen »Anna«. Anna – auf ihre Weise begnadet vom Leben oder von Gott selbst.

Auch Tilman Riemenschneider muss von dieser Anna, der Großmutter Jesu, tief geprägt gewesen sein. Er hat sie in Holz geschnitzt, aber nicht sie allein, sondern im Kreis ihrer – drei – Ehemänner. Eine »heilige Sippe«. Nach dem Tod ihres ersten Mannes, Joachim, soll sie noch zwei weitere Ehemänner gehabt haben – Kleophas und Salomas.

Riemenschneiders Kunstwerk von Anna und ihren drei Männern steht im Bode-Museum auf Berlins Museumsinsel. Ich sehe die beiden, Lola und ihre Oma, vor Riemenschneiders Werk stehen und höre Lolas Großmutter sagen: »Familien können so verschieden sein; man ist nie damit fertig ...«

Ich sehe die alleinerziehende Frau Anfang 60 und kann die Gnade erkennen, die ihr noch einmal im Leben die Hände gefüllt hatte, auch mit Aufgaben, Verantwortung und Verpflichtungen.

Ich sehe Lola, die sich wünscht, was viele Kinder für das Selbstverständliche halten, und die doch ahnt, was die Oma in ihrem Leben bedeutet. Lolas Sehnsucht wird bleiben, aber sie wird getragen sein von einem Verstehen, das mehr und mehr wächst.

Und ich sehe »Anna selbdritt«. Das ist die Bezeichnung von Bildnissen, auf denen Anna, Maria und Jesus gemeinsam zu sehen sind. Solche Bilder gehören zum Genre der Andachtsbilder. Dürer hat in besonderer Weise ein solches Bild der drei entworfen. Solche Andachtsbilder sollten beim Betrachter ein Mitfühlen und ein Versenken in die Möglichkeiten Gottes eröffnen. Mein inneres Andachtsbild sieht Oma, Katharina und Lola gemeinsam, einander zugewandt.

Eines Tages wieder miteinander verbunden, versöhnt über dem, was geschehen ist. Wie gesagt, ein Bild der Möglichkeiten Gottes auch heute noch. Eben »Anna selbdritt«.

Gepuppt und gewiegt

Da wurde erfüllt, was durch den Propheten Jeremia geredet ist, der spricht: Eine Stimme ist in Rama gehört worden, Weinen und viel Wehklagen: Rahel beweint ihre Kinder und sie wollte sich nicht trösten lassen, weil sie nicht mehr sind.

Matthäus 2,17.18

Das Jesuskind spielt mit der Weltkugel. Allein die linke Hand genügt für das Gewicht dieser Kugel. Der später selbst zum Spielball dunkler Weltenmächte wird, kann noch mit dieser Welt spielen. Nur ein Säugling vermag das – die Spannung zwischen seliger Machtlosigkeit im Blick eines Kindes einerseits und einer nach menschlichem Maß viel weiter gehenden, aber letztlich doch begrenzten Macht einer ganzen Welt andererseits: Macht und Machtlosigkeit neu verteilt, in der Hand eines Kindes – für den Wimpernschlag eines Augenblicks. Bild tiefster Sehnsucht und damit höchster Frömmigkeit: Was gibt es Besseres, als die Welt in die Hand eines Kindes zu legen? Der Jesusknabe mit der Weltkugel ist nicht nur ein beliebtes Motiv auf Gemälden und Stichen, sondern hat eine umfassende figurale Kunst hervorgebracht. Vor wenigen Jahren wurde bei Ausgrabungen die »Sensation« einer rund 500 Jahre alten tönernen Jesusfigur bekannt gegeben, nur 65 Millimeter klein. Der sanfte Weltenherrscher, genauer: der Weltenspieler, ein anmutiges Püppchen. Genau weiß man nicht, ob es im 15. oder 16. Jahrhundert tatsächlich ein Spielgegenstand war.

Die Grenzen zwischen Spiel und Kult sind hier fließend. Nonnen sollen im 15. Jahrhundert in Klöstern Christkindpuppen – mit und ohne Weltkügelchen in der Hand – gewiegt und versorgt haben. Das Bild der gewiegten Christkindpuppen berührt dort, wo Erfahrungen von Fürsorge, Gehaltensein und Liebe wachgerufen werden. Es provoziert dort, wo diese Erfahrungen gefehlt haben und die Fehlstelle ein Leben lang bleibt. Das habe ich in drei Begegnungen mit einer Frau erfahren, die gerade ihr siebentes Lebensjahrzehnt erreicht hat.

»Wie konnten Sie es wagen …!? Sie haben mich persönlich brüskiert, mich und eine ganze Generation von Flüchtlingskindern.«

Ich höre diesen Satz einer tief empörten und getroffenen Frau das erste Mal viele Monate nach dem Weihnachtsfest bei einem, wie ich gerade noch dachte, harmlosen Geburtstagsbesuch. Die Empörung der Heiligen Nacht bebt immer noch in der Stimme der Frau.

Allerdings höre ich etwas anderes als das, was ich sehe: Der gemeinsam erarbeitete Wohlstand steht ihr auf ein makellos gepflegtes, gebräuntes Äußeres geschrieben. Ihre gesamte Erscheinung trägt den Duft dieses Wohlstands. Gerade ist sie von einem Kurzurlaub auf den Malediven zurückgekommen. Dort taucht sie hin und wieder gern mit ihrem Mann. Seitdem er pensioniert ist, kann man das ja öfter machen. Eigentlich zieht sie aber Städtereisen vor – durch Belgien oder auch mal Skandinavien. Um die osteuropäischen Städte macht sie allerdings nach wie vor einen großen Bogen. Indem sie das sagt, schaut sie mich aus ihren stahlblauen Augen durchdringend an.

»Wie konnten Sie es wagen, mich persönlich – ach was, unsere ganze Generation – so zu brüskieren …«, wirft sie noch einmal in meine Richtung und lässt die schweren bis auf den Boden reichenden Panoramafenster ihrer Wohnung automatisch schließen. Durch diese Fenster hindurch schaut man von der diskret verborgenen Dachterrasse hinüber zu den Türmen des Gendarmenmarkts. Ein teurer, ein spektakulärer Blick. Aber die Eigentümerin dieser mobilen Herrlichkeit blickt jetzt nicht auf das schöne Sonnenlicht, das sich auf den Spitzen der Türme fast ein bisschen verfängt.

Sie blickt in ihre eigene Vergangenheit. Hals über Kopf mussten sie im Winter 1944 alles verlassen. Sie war fünf, als sie ihre Geburtsstadt Königsberg das letzte Mal gesehen hatte. Grauenvoll war die Kälte auf der Flucht, sagt sie. Der kleine Bruder starb an Tuberkulose und wurde am Wegrand begraben. Noch heute hört sie das Klackern der Steine, die man über ihn gelegt hat, weil der Boden nicht geöffnet werden konnte. Bilder, Fotos oder etwas Ähnliches, gibt es von ihm nicht. Auch Säuglings- oder Kleinkinderbilder sind verloren, falls es jemals ein oder zwei davon gegeben haben sollte. Alles musste die Mutter damals zurücklassen; nur das Nötigste, einige Urkunden, ein paar Silberdinge, warme Anziehsachen hatten sie gegriffen. Auch davon gibt es heute nichts mehr! Nichts!

Die schlanke und junggebliebene, offensichtlich sehr gebildete Frau ist mit einem Mal wieder das Mädchen von damals und weiß nicht, wie sie sich gegen die Kälte und die Angst stellen soll: »Wenn Sie hier alle so saumselig Weihnachten feiern, haben Sie eine Idee davon, was uns Flüchtlingskindern von damals fehlt? Können Sie darauf nicht ein kleines bisschen Rücksicht nehmen? Glauben Sie, ich konnte mit meiner Mutter jemals darüber reden, was wir vor 1945 für Kinder waren? Wie wir aussahen, was wir geliebt haben – oder nicht? Kein Wort hat sie mehr darüber verloren, bis sie krank wurde. Können Sie sich das nicht ein bisschen vorstellen?«

Mit dem Hinweis auf die Christkindpuppen waren Heilig Abend Gottesdienstbesucher eingeladen, persönliche, vielleicht sogar allererste Kinderfotos in Erinnerung zu rufen. Nur für einen Moment sollten sie suchen nach dieser geheimen Verbindung von seliger Machtlosigkeit und zugleich wunderbar neu bestimmten Machtverhältnissen, die entstehen, wenn ein Kind in die Welt blickt. So wie ein Kind das Leben in die Hand nimmt, so wie das Christkind auf Dürers Stich die Welt in die Hand nimmt, so doch auch jedes Neugeborene das Leben und die Liebe seiner Eltern. »Kann man das noch erkennen auf den ersten Aufnahmen von Ihnen?« So lautete die Frage.

Die ersten Fotos von sich selbst, die man mal gesehen hat, die aufbewahrt wurden oder im Lauf der Zeit vergilbt oder verschwunden sind. Für die Frau, das Flüchtlingskind von damals, hatte mein Vorschlag nicht nur den erinnerten, sondern den noch immer gegenwärtige Schmerz um alles, was verloren gegangen war, freigelegt: ein Bruder, ein zu Hause, eine gesunde Mutter, eine Kindheit. All die guten, die reich gefüllten Lebensjahre waren an diesem Heiligen Abend nichts gegen die Fluchtmomente von damals.

Sie scheint erleichtert, mir diesen Schmerz endlich einmal sagen, ja vorwerfen zu können. »Aber: Wer interessiert sich schon für die Vergangenheit von uns Ältergewordenen?«

»Wenn ich mir anschaue, was mit Kindern heute hier in diesem Stadtgebiet angestellt wird, wie sie gehegt, gepflegt, gepuppt und getragen werden … Wer fragt da nach unseren verlorenen Kindertagen?«

Ich kann ihr keine Antwort geben.

»Jetzt machen Sie was aus meinem Ärger!« – Das sagt nicht nur ihr Blick, sondern ihre gesamte Körpersilhouette am Panoramafenster. Und der Berliner Himmel im Hintergrund strahlt dazu frühlingshaft.

Derselbe Frühlingshimmel übrigens, der auch über den gerade nicht gepuppt und getragenen Kindern in diesem Stadtgebiet steht. Er wölbt sich ebenso über den Kindern, die immer wieder am späten Nachmittag vom Schulhort nicht abgeholt werden, weil die Eltern nicht rechtzeitig aus dem Alkoholrausch aufwachen. Er wölbt sich über den Kindern, die mit drei, vier und fünf Jahren nach dem Einschlafen alleinbleiben, weil die Single-Mutter doch was vom Leben haben will – und noch mal loszieht. All das in den Wohnblocks wenige Meter von hier entfernt, aber nicht in Sichtweite des Panoramafensters.

Der weite Blick bietet doch nur einen Ausschnitt und

vergrößert die eigene Geschichte zum Vollbild. Ich lasse sie in dieser Geschichte und begegne ihr erst wieder, als der Himmel eisig, verhangen und dezembergrau ist: Weihnachten – ein Jahr später.

Nicht der Jesusknabe, sondern der erwachsene Jesus wird in dieser Nacht ins Licht gerückt. »Ihr kennt mich und wisst, woher ich bin«, heißt es in dem Evangelium, das nichts von einer Geburtsstadt Bethlehem, von Hirten auf dem Felde und von der Anbetung eines Wickelkindes durch Magier weiß: das Johannesevangelium. Es erzählt vom erwachsenen Menschensohn und hat somit mehr als ein Wort mitzureden angesichts der vielfältigen Versuche, zu verkindlichen, was nicht verkindlicht werden sollte.

Ihr kennt mich und wisst, dass ins Leere läuft, was niedlich-kindlich bleiben soll; es ertrinkt in Harmlosigkeit. So ähnlich lässt sich das Jesuswort in jener Nacht hören. Die Frau vom Panoramafenster begegnet mir am Ausgang. Sie hat zwei alte Damen untergehakt, eine rechts und eine links. Beide konnte sie mit Kraft und Aufwand aus der Seniorenresidenz zur Kirche bringen – geduldig und sehr langsam. »Genau wissen die Frauen vielleicht nicht mehr, wo sie sind. Aber sie haben etwas gespürt von der Stimmung dieser Nacht, denke ich.«

Wer weiß? Fast ist auf den Gesichtern der alten Frauen etwas unbeschwert Kindliches zu erkennen. »So etwas wie eine zweite Kindheit«, sagt die Begleiterin, das Flüchtlingskind von damals. Und ich sehe sie zum ersten Mal etwas lächeln. Der einen bindet sie das Tuch noch etwas fester um die Schultern, der anderen Frau zieht sie die Handschuhe fester hoch. Gepuppt und gewiegt sehen sie aus – alle drei.

Erst im Frühling treffe ich das Flüchtlingskind von damals wieder, erzähle von dem Bild der drei Frauen, das ich immer noch vor Augen habe.

»Haben Sie denn meine Mutter nicht erkannt? Ab und an hole ich sie noch aus der Seniorenresidenz – zum Gottesdienstbesuch. – Vergangenen Sommer sind wir sogar noch einmal zusammen verreist. Meine Tochter, mein

Mann, ich – und meine Mutter. Meine Tochter studiert Russische Geschichte und Literatur. Ausgerechnet! Sie belegt einen Sprachkurs nach dem anderen und hat schon zwei Sommer in Petersburg gelebt. Königsberg wollte sie unbedingt mit ihren Eltern zusammen ansehen. Ich habe sie immer wieder vertröstet, aber irgendwann gemerkt: Sie meint es ernst, und uns läuft die Zeit davon.

Wir haben tatsächlich das Haus von damals ausfindig gemacht. Eigentlich wollten weder ich noch meine Mutter es sehen. Amalienau. Ich konnte mich an die Schönheit dieses Namens gar nicht mehr erinnern. Meine Tochter hat nicht lockergelassen. Also haben wir uns einen Zettel in die Tasche gesteckt, um die wichtigsten Sätze nicht zu vergessen. Auf dem Zettel stand: ›Wir kommen aus Deutschland. Wir haben früher mal dieses Haus bewohnt und den Hof bewirtschaftet. Wir haben heute keine Ansprüche auf das Haus.‹

Ich hatte Angst davor, zu überwältigt zu sein. Was, wenn mir der Text fehlen würde – mir und uns allen? Dann das Problem der Sprache. Nachdem wir geklingelt und unseren Zettel gezeigt hatten, habe ich mit allem gerechnet, aber nicht damit: Wir wurden zum Kaffee eingeladen.

Ich kann mir noch immer nicht vorstellen, dass ich als Fünfjährige in einem Haus gewohnt habe, das heute nackte Wände zeigt, die auch noch feucht-schimmlig sind. Nur noch das untere Geschoss ist bewohnt. Eine wahrscheinlich letzte Mieterin hält es dort aus, so alt wie meine Mutter. Zwei Stunden später sind wir dann wieder gegangen.

Briefe schreiben, Päckchen packen ist nicht meine Sache. Aber Anfang Dezember haben wir, meine Mutter und ich, dann doch eine Sendung Richtung Königsberg, Amalienau, auf die Post gebracht.«

VII
Noch mal auf Anfang: Weihnachten für Realisten

»Wenn ich das Gefühl habe, es müsste mal wieder etwas weihnachten, dann lese ich kein Buch, sondern lasse mich berühren von Stimmungen oder bestimmten Atmosphären – beispielsweise eines Liedes, eines besonders geschmückten Raumes, einer besonders netten Feier. Aber ein Buch?« Ich habe diesen Zweifel öfter hören dürfen. Kann schon sein, dass die Worte des Evangelisten Lukas ein mit Patina überzogenes Grundrauschen bleiben. Mag sein, dass auch ein Buch dieser Tage keinen einzigen Weihnachtsvorbehalt ausräumt, auch nicht den, dass die »Realitäten« unserer Zeit – wohl kaum einer Zeit! – mit dem vereinbar sind, was Weihnachten für möglich hält. Mag sein, dass etwas von den Fremdheitsgefühlen bleibt, die so viele Menschen spüren, wenn sie nach langer Zeit mal wieder – ob zum Weihnachtsgottesdienst oder bei anderer Gelegenheit – diese Krippe mit dem Gotteskind sehen. Mag sein, dass all die Gloria-Töne der Weihnachtstage doch wieder nur die alte Traurigkeit, dieses alte Gefühl der Leere, auf den Plan rufen. Vielleicht bleibt es so, auch nach dem hier unternommenen literarisch-weihnachtlichen Stadtspaziergang. Aber selbst dann besteht eine Möglichkeit, einen einzigen Gedanken zumindest für plausibel zu halten, wenn er auch nicht gleich »geglaubt« werden kann. Dieser Gedanke ist nahezu simpel und zieht sich durch alle Begegnungen und Erfahrungen. Dieser Gedanke ist in seiner Einfachheit weihnachtlich: Am Anfang ist Beziehung und sie wird immer wieder neu entdeckt. Ob sich im Licht dieses Anfangs verlorene oder verquere Beziehungen wieder neu finden und damit gerettet werden können, ob sich im Licht dieses Anfangs Liebesgeschichten umschreiben lassen, es bleibt offen. Nur der Anfang ist bekannt: Beziehung. Am Anfang ein Gott, der nicht relationslos bleiben möchte, sondern ein Beziehungsangebot versucht. Sein Angebot: er selbst als hilfloses Kind.

Es ist weit nach Mitternacht. Ich habe einen Moment Zeit, diesem einen Gedanken nachzuhängen. Die Atmosphäre des letzten Gottesdienstes liegt noch in der Luft. Die Kirche ist warm. Für heute ziehe ich den Stecker der Weihnachtsbaumbeleuchtung. »Schade, dass er nicht das ganze Jahr hier steht ...«, hatte ein Mädchen bedauert. Das war vor über sechs Stunden, mitten in einer aufgeheizten Stimmung. Am Altar wurde rasch das Krippenspielheu weggesaugt, auf der Empore probte schon die Kantorei für den nächsten Gottesdienst. Da habe ich sie das sagen hören: »Schade, dass er nicht das ganze Jahr hier steht ...«

Jetzt ist er aus. Straßenbeleuchtung von draußen fällt matt durchs mittlere Kirchenfenster. Keinem wünsche ich jetzt, dass er auf der Straße bleiben muss: keiner Jette, keiner Anne. Denen, die Nachtarbeit hinter sich haben und auf dem Weg nach Hause sind, wünsche ich zwar keine Sterne, aber ausreichend Licht – innen wie außen. Den Allerkleinsten – ob im Wärmebettchen auf Station oder schon im eigenen Bett – wünsche ich Zeichen der Liebe. Allen, die ohne »FAMILJE« feiern, so wie wahrscheinlich Monika, wünsche ich, dass sie irgendwann versöhnt sein können, mit dem, was sie erleben oder was ihnen fehlt. Lola und den Räuberkindern vor allem wünsche ich, dass sie sich noch lange darüber freuen können, was sie für eine Spitzenbesetzung im Krippenspiel waren, jenem Spiel, das Teil des poetischen Spiels auch dieser Nacht ist. Denen, die jetzt im Dunkeln sitzen, weil sie es so wollen oder nicht anders können, wie die unbekannte Alte neben dem Soldatenfriedhof Berjosa, würde ich auch gern etwas Gutes wünschen ... fahre aber vor Schreck zusammen, als auf der anderen Seite die Tür zum Kirchraum mit Wucht aufspringt. In einen Pelzmantel gehüllt, eilt eine Frau – vielleicht Ende 50, An fang 60 – mit elegant-energischen Schritten durch die Kirche auf mich zu. Je näher sie kommt, desto klarer sehe ich: Sie ist ratlos. Ob hier eine Perlenkette abgegeben worden sei? Die hat sie nämlich gerade verloren – und es kann nur hier in der Kirche gewesen sein. Den Weg nach Hause sei sie schon mehrmals abgelaufen. Da hätte sie nichts gefunden.

Eine Perlenkette im frisch fallenden Schnee zu finden, es gibt Aussichtsreicheres, denke ich und lasse es unausgesprochen. Jetzt hofft sie, dass sich das Gesuchte noch unter einer Bank findet. Ich schalte noch einmal alle Lichter an und suche mit ihr. Nichts! Sie putzt sich die Nase und sagt leise: »Es war ein Geschenk.« Wie ärgerlich!

Ich versichere ihr: Wenn sie hier verloren wurde, wird sie mit Sicherheit abgegeben. So verschwindet die elegante Dame mit kurzem Gruß.

Nach dem Morgengottesdienst am ersten Weihnachtstag steuert sie wieder auf mich zu. Ob ich schon etwas gehört hätte? Ob jemand etwas abgegeben hätte? Ich muss sie enttäuschen. »Es war wirklich ein sehr teures Geschenk …«

Wie teuer dieses Geschenk gewesen sein muss, ahne ich, als ich draußen an allen Türen, an den Laternenpfählen sowie in einem Schaufenster ihre Verlustanzeige lese »Kette verloren. Finderlohn: 1700 Euro.« Es gibt nicht wenige in unserer Gemeinde, denen ich solchen Finderlohn wünschen würde! Die handgeschriebenen Suchanzeigen verblassen »zwischen den Jahren«. Manche Zettel reißt der Wind ab. Der Schnee tut sein Übriges. Die Frau habe ich nicht wieder gesehen.

Der Verlust des Geschenkes und der des materiellen Wertes ist nicht das, was mich berührt. Wer aber weiß, was sie neben dem Wert tatsächlich verloren hat? Wer weiß, mit wie vielen anderen Menschen sie in dieser Nacht geweint hat, wie verschieden das Maß der Traurigkeit und der Grund der Tränen auch sind. Der Klartext dieser und aller folgenden Nächte ist, dass die Wunscherfüllung nach eigenen Maßstäben nun mal ausbleibt. Keine Stimmung, ob nun künstlich erzeugt oder einfach entstanden, kann darüber hinwegschummeln. Aber das ist nicht der Realismus des Weihnachtsfestes. Realismus ist kein anderes Wort für Desillusionierung. Real ist, was an der Wirklichkeit, wie wir sie erleben, tatsächlich wahrhaftig ist, also verlässlich und tragend, indem es immer wieder, vielleicht Jahr für Jahr neu, geprüft wird und sich gegebenenfalls bewährt.

Ob sich Weihnachten bewährt? Das zeigt sich für mich durchs ganze Jahr – und zwar in den Geschichten von hilflosen Helfern, von Ungeretteten und Ungeborgenen, die tatsächlich selbst zu Helfern oder Rettern werden können. Natürlich kann man den Heilandsglanz, den ich daran erkenne, für Kitsch oder für märchenhaft-kindlich halten.

Man kann sich auch auf den Standpunkt stellen, zwischen einem Heiland, einem Gott in Windeln, und einer Zahnfee verschwimmen ohnehin die Unterschiede: Denn an beide müsse man ja glauben, weil deren Existenz nicht gesichert sei.

Weihnachtsverächter, gebildet oder weniger gebildet, werfen diese Frage in allen möglichen und unmöglichen Tonlagen gerade in einer Stadt wie Berlin immer wieder auf. Ich höre in diesem Weihnachts- und Religionsressentiment viele Untertöne. Resignation, Institutionen- oder Kirchenkritik, ernsthaftes Suchen und unbeantwortete Fragen; auch enttäuschende Bruchstellen in der eigenen Biografie.

Einer der Enttäuschten steht mir klar vor Augen: »Mein Vater konnte seit seinen Tagen in den Schützengräben der letzten Kriegstage nicht mehr ›Christ ist erschienen, um uns zu versühnen‹ singen.« So sagt es heute der Sohn des Kriegsheimkehrers von damals. Der Heimkehrer selbst ist längst gestorben, sein Sohn dieser Tage schon an die 60 Jahre.

Als das Kriegskind, das er im Grunde geblieben ist, möchte er doch noch einmal klären, warum Gott seit Jahrzehnten in seiner Familie rollenlos, einfach gar nicht mehr da war. So richtig fertig wird er damit nicht. Am Ende der

Weihnachtstage meint er: »Die Seele kann nicht von vorn anfangen mit den Weihnachtsempfindungen.«

Ist es dem Jungen von damals und reifen Mann von heute tatsächlich so unvorstellbar, dass ein neuer Blick auf ein altes Fest möglich wird, vielleicht sogar durch die Geschichten des Verlorenen hindurch? Der Sohn, wie bewusst oder unbewusst auch immer, trägt die Schmerzgeschichte des Vaters in sich. Aus keiner Nacht lässt sich dieser Schmerz wegretuschieren, erst recht nicht aus der Nacht der Nächte. Aber jene Nacht der Nächte schreibt ihre Geschichte fort in den Geschichten der Stadt.

Von ihnen habe ich erzählt, nicht um Gewissheiten zu verwalten, sondern um, ähnlich einem Sammler von seltenen Fundstücken, Hoffnungszeichen zu sammeln, kleine Lichter, die nicht selten Anlass geben zur Verwunderung.

Im Rückblick lässt sich bestimmt sagen: Es gibt temperamentvollere Dramen von Glück, Schuld, Verlust und Neugewinn. Dramen, die vielleicht nach Meinung einiger diesen Namen verdienen würden. Aber nicht das Maß der Dramatik war ausschlaggebend. Denn die Kraft der Zeichen in scheinbar alltäglichen Begegnungen, gehemmt oder offenherzig, verhindert oder nur erträumt, zum Leuchten zu bringen bleibt das Maß meiner Worte.

Die großen Lichter und den ganz großen Augenglanz überlasse ich gern den technischen »Erleuchtern« – etwa der Linden vor dem Brandenburger Tor – oder den Illuminations-»Swarowskys« in den Schaufensterauslagen. Die kleinen Lichter werden einem in den Nebenstraßen bewusst, auch den Nebenstraßen der Geschichte, der eigenen Lebens- und Berufsgeschichte ohnehin.

Auf diesen Nebenstraßen habe ich niemanden getroffen, der sich das Wundern selbst verboten hätte. Ich habe auch keinen Menschen angetroffen, der gesagt hätte: Ich schließe es aus, dass ich mich jemals wieder wundern kann. Die Möglichkeit offen halten, sich wieder wundern zu können, über sich selbst, einen anderen Menschen, den Neubeginn einer Beziehung, das Auftauen eines alten, schon längst zur Seite gelegten Gedankens, ich kann mir nichts vorstellen, was realistischer wäre. Diese Art von Realismus hält es auch aus, dass wir uns mit Weihnachten selbst in seiner kitschigsten Form auch die Sehnsucht nach mehr als einem gelungenen Abend eingestehen. Ich nenne es die Sehnsucht nach einer Verheißung, die schon im Hören zu spüren ist und mehr als ein tiefes Glücksgefühl umfängt. Es kommt darauf an, ob ich als Zaungast höre oder als tatsächlich Angesprochene:

»Wer?«

»Ja, ihr! Euch ist heute der Heiland geboren!« So werden die Hirten erwidert haben …

»Woran ihr den Heiland erkennen werdet? Was für eine Frage: An den Äußerlichkeiten werdet ihr ihn nicht erkennen, liebe Bewohner von Bethlehem und Berlin. Es ist ein Wickelkind! Es kommt alles darauf an, ob euer Auge durch die Äußerlichkeiten hindurch das geschehene Wunder sehen kann. Dieses Wunder erzählt nämlich ein Geheimnis, das keiner für sich behalten muss: Gott ist in der Welt und steht ihr nicht neutral gegenüber. Dieses Geheimnis würde an und für sich auch ohne Wunder wirken. Aber so ist nun mal Gottes Entscheidung … Woher wir das wissen? Ist das so wichtig? Wir müssen weiter …«

Die einen sind von solchen Sätzen brüskiert, die anderen irritiert. Die Dritten viel zu neugierig, um einfach weiterzumachen wie bisher. Sie alle sicherlich nicht bezaubert, aber doch verwundert. »Und sie wunderten sich sehr.« Damit trifft unser Informant Lukas ins Schwarze.

Für diesen Volltreffer des Lukas hatte ich mit zehn Jahren sicherlich noch kein Gespür, aber diese eine Frage musste ich doch mal loswerden: »Worüber haben Sie sich schon mal gewundert?« Ich war so naiv, diese Frage in der Fünf-Minuten-Pause mitten im Schulbetrieb an die Klassenlehrerin zu richten. Frau Bulla, wahrscheinlich immer schon ein klein wenig verbittert über ihren Namen, den sie schon ein Leben lang mit sich herumzutragen hatte, Frau Bulla jedenfalls stützte die knochig beringten, schon von ersten Altersflecken gezeichneten Lehrerinnenhände auf die Tischplatte, schaute selbstbewusst über ihre Lesebrille am Goldkettchen hinweg – so etwas gab es tatsächlich noch vor 30 Jahren im Osten Deutschlands – und eiste jeden Mut der Schülerin, die da vor ihr stand, schlagartig ein. Das alles geschah Sekunden, bevor sich ihr spöttisch-spitzer Damenmund öffnete. Sie würde jetzt mal ein paar Takte loswerden über das, was Wunder sind oder, besser gesagt, zu sein vorgeben. Doch zuvor … so blitzte sie mich an:

»Fräuleinchen, ich muss schon sagen …. Die Fragen stelle ich!«

Daran hatte das »Fräuleinchen« ja nie den geringsten Zweifel.

Aber die Antwort stutzte mich doch noch etwas kleiner, als ich es im Schulalltag der 70er Jahre ohnehin schon war: »Wundern muss ich mich doch immer wieder über dich, du dumme Trine.«

Denn: Alles, was nicht in die Grundschul-Denkraster der damaligen Polytechnischen Oberschule im Allgemeinen und in das Denkraster der Frau Bulla von der 1c im Besonderen passte, erhielt das Etikett des Dümmlichen. Der Religiöse war der Dumme, selbst wenn er auch nur ganz von fern einen gewissen Sinn für die Fragen hatte, die nicht an den Fakten des Alltags kleben blieben.

Diese Anti-Haltung hat mich Jahre der Schulbildung begleitet – mal als verstecktes, mal als offenes Klischee, mal als Ressentiment oder als Fassade der betonten Langeweile gegenüber »Besinnlichem«.

»Besinnliches gehört nicht in die Schule«, war Frau Bullas Mantra, wenn es doch mal hier und da um mehr als Deutsch und Mathe gehen sollte. »Besinnliches gehört nicht in die Schule« – »und Lieder vom Christkind kannst du zu Hause singen.«

Heute erlebe ich Lehrerinnen und Lehrer an Grundschulen nicht nur warmherzig und weitsichtig, sondern auch fantasievoll und unbekümmert im Umgang mit Welten, die ihnen vielleicht auf den ersten Blick etwas ferner oder einfach unbekannt scheinen, eben Lehrer und Lehrerinnen, wie ich sie mir nicht besser für meine eigenen Kinder wünschen könnte. Dort treffe ich eine Offenherzigkeit, die auch den Horizont hinter den Horizonten nicht ausschließt.

Doch die klebrige Vokabel des »Besinnlichen« – vor allem um Weihnachten herum gern wiederentdeckt für schnelle Sätze in der Zeitung – ruft mir noch einmal Frau Bulla in meine keineswegs nur schlechten Erinnerungen von damals.

Eine örtliche Tageszeitung will auf einer Seite Berliner porträtieren, die Heilig Abend im Dienst sein müssen – nur kurz und knapp. Und eine Pfarrerin muss doch auch Heiligabend arbeiten, nicht wahr? So fragt die Frau von der Zeitung telefonisch an und steht bereits eine Viertelstunde später vor der Tür. Das muss sie auch, denn die Idee zur Berichterstattung soll 24 Stunden vor Heiligabend im rasenden Tempo realisiert werden. Das Foto von der Pfarrerin wird später die Bildunterschrift tragen: »Wer Besinnlichkeit, Halt und Kraft sucht, geht zur Pfarrerin …«

Kommt her zu mir, ihr Besinnlichen?

Die Zeitung ist geschult an der Sprache einer großen Lesergruppe, die sich über Generationen hinweg daran gewöhnt hat, ohne Gott zu leben. Deren Mantra lautet: Die Welt ist ohne Gott besser zu verstehen. Als Glaubende kann man sich da schon hin und wieder wie ein einsamer Spaziergänger auf den Sandwegen der Zeit fühlen.

Die Zeitungsreporterin hat noch eine zweite Botschaft hinter der Bildunterschrift. Die muss man sich hinzudenken: »Und wer es jetzt ganz anders treffen möchte oder so gänzlich dringend braucht, kann – sogar – in die Kirche.«

Das lesen aber nicht nur diejenigen, die Gott noch nicht einmal die Wahrscheinlichkeit seiner Existenz, geschweige denn seines Kommens in die Welt zugestehen. Diesen Satz mit seiner zweiten Botschaft lesen auch, die gewohnt und gewöhnt sind an Gottesbezüge, denen aber diese Bezüge kaum etwas bedeuten.

Ich weiß, was die Reporterin eine Stunde vor Redaktionsschluss mit dieser fix formulierten Unterschrift andeutet, was sie ihren Lesern vielleicht ganz ernsthaft ans Herz legen möchte. Aber die Kombination dieser Worte – Besinnlichkeit, Halt und Kraft – weckt in mir alle Lust, die Dreifachbenennung, vor allem aber das Geheimnis der Weihnachtszeit aus der Ecke des irgendwie Wunderlichen und je nachdem niedlich oder ärgerlich Verdrehten zu holen.

Weihnachten hat etwas Besseres verdient als Besinnlichkeitsphrasen zum Zwecke fadenscheiniger Erbaulichkeit und mehr oder weniger religiöser Instant-Betroffenheit. Das verbietet genau der Weihnachts-Realismus, der schon oft mithilfe des Wortes »Geheimnis« beschrieben wurde.

Worin besteht dieses Geheimnis? – Gott lässt sich auf seine eigene Geburt ein.

Eine Geburt ist eine Gratwanderung zwischen Leben und Tod, freilich nicht überall und nicht zu allen Zeiten. Dennoch ist dieser Gedanke selbst Menschen, angekommen im mitteleuropäischen Wohlstand, nicht fern. Gottes Berührung mit dieser Welt wird zu einer Frage auf Leben und Tod, nicht erst an der Hinrichtungsstätte der Römer irgendwo auf einer Erhebung vor den Toren der Stadt Jerusalem – Golgatha.

Für mich beschreibt der Blick einer Frau diese Gratwanderung zwischen Leben und Tod. Dieser Blick, der erzählend festgehalten ist als Weg zwischen Bethlehems dunkler Geburtsunterkunft und der Schädelstätte vor Jerusalem. Dieser Blick lässt sich finden, auf Goldgrund gemalt in einem Bildnis Sandro Botticellis: hinreißend schön und im Angesicht vollkommen faltenlos ist die junge Mutter mit einem Kind in Arm eingefangen, wie im Licht gebadet. Es handelt sich um die Madonna mit dem Kind und singenden Engeln, prachtvoll ausgehangen in der Berliner Gemälde-galerie. Lilien blühen im Hintergrund des Bildes; traditionell sind es die Blumen der Maria. Ich habe diese weißen Duftmacher in Kindertagen noch hin und wieder auf Beerdigungen gesehen. Heute sind sie an Gräbern, zumindest in der Stadt, eher selten geworden und präsentieren sich stattdessen ausgreifend, stolz und farblich abgestimmt in voluminösen Designervasen im Interieur großzügig sanierter Wohnungen in Berlins alter, neuer Mitte.

Beide, Mutter wie Kind auf dem Bild Botticellis, scheint ein Schimmer von Goldfäden zu umgeben. Sie verfließen scheinbar magisch mit den Strahlen des Himmels. Das Blau des Himmels ergänzt sich mit dem königlichen Gewand-Blau der Mutter. Der Junge auf ihrem Schoß ist schon kein Neugeborenes mehr. Viel zu erwachsen für ein Kind schaut er um sich. Vielleicht bemüht er sich ja, den Betrachter zu betrachten. Anders die Augen der Mutter. In die Weite gerichtet, gehalten in Melancholie, scheint sie schon im Spiel mit dem Kleinkind jenen tödlichen Freitag zu sehen: Karfreitag.

Ihr Blick erzählt ihr Wissen um die Bedrohungen des Lebens, nicht nur dieses einen Lebens auf ihrem Schoß, allerdings dieses Lebens besonders. Botticellis Bild vom gleißend schönen Anblick der jungen Mutter holt genau in ihren Blick die Gratwanderung zwischen Leben und Tod, ohne dass dem Tod das Wort geredet wird.

Der Goldgrund des Bildes bleibt – gleich dem Goldgrund auf dem ich das eigene Leben gemalt sehen kann. Ob das auch jene Betrachter spüren, die sich vor Botticellis Schöpfung ehrfürchtig und die Kunst liebend versammeln; Betrachter, die sich selbst eigentlich als religiös unmusikalisch, gottesentwöhnt, alltagspragmatisch oder einfach nur agnostisch bezeichnen würden?

Botticelli lässt es – zumindest genau vor seinem Bild – weihnachtlich werden, indem er wahrhaftig bleibt, was die Schönheit des neuen Lebens und dessen Abgründigkeit angeht. Weihnachtlich deshalb, weil auch die Geburtsgeschichte, freigelegt von aller Folklore, selbst über diesen Zusammenhang keinen religiös-besinnlichen Kitschschleier legen möchte. Spätestens hier erübrigt sich jede Besinnlichkeitspoesie, spätestens hier greift mehr nach uns als die religiöse Kurzstimmung der Tage Ende Dezember, die es so schwer haben, zu wirklich strahlend hellen Tagen zu werden.

Anderes als Besinnlichkeitspoesie ist gefragt, um wirklich mit der Realität dieses Geheimnisses gehen zu können.

Anderes ist nämlich auch gefragt – genau von den Menschen, die auf unserem Stadtspaziergang unterwegs waren und wissen, wie nah Leben und Tod beieinanderstehen. Es ist der Realismus der Großmutter, die keinen künstlichen Ersatz für die stets fehlende Familie der Enkelin herbeizaubern wird – oder der Realismus des jungen Anwalts, der beim Kellnern für Flüchtlinge und Wohnungslose fast belustigt Strukturen der eigenen Familienwirklichkeit wiedererkennt. Und das befriedet ihn unerwartet – immerhin für eine Nacht.

Weder die Pflegeväter noch Jette am Parkplatz und schon gar nicht der frisch getrennte Ehemann und Vater würden sich mit weihnachtlichen Besinnlichkeitsphrasen zufriedengeben. Es würde ihr Gefühl für das, was die Hoffnungskraft der Weihnachtsgeschichte bedeutet, zutiefst irritieren, vielleicht sogar verletzen.

Die Geschichte, wie sie in Lukas' zweitem Kapitel und in den ersten beiden Kapiteln des Matthäusevangeliums erzählt wird, ist weit davon entfernt, »besinnlich« zu sein. Sie hat alle Elemente von dem, was menschliches Leben unerträglich und wunderbar machen kann. Sie verortet Gott im Dunkeln, am wehrlosen Anfang eines Menschenlebens. Darin, sagen die Evangelisten, besteht das Wunder, dass wir nicht etwas, sondern jemanden als ein Geschenk sehen können: einen Menschen. Ein eigentlich schmuckloses Wunder, das Weihnachten ein einzigartiges Gesicht gibt.

Vielleicht können wir selbst noch heute die Evangelisten sagen hören, dass das Wunder des Neuanfangs dort sichtbar und spürbar wird, dass die Engel hörbar singen und tanzen, wo Gott und Mensch sich begegnen. Wo das geschieht, und das geschieht in den Neuanfängen, egal zu welcher Jahreszeit, wird Weihnachten. Oder anders: Wenn Realisten zu staunen beginnen, dann wird Weihnachten. Das schreibe ich in der Hoffnung, dass auch eine Frau Bulla zu staunen vermag über etwas höchst Verwunderliches.

Lukas redet in seinem frohen Bericht nicht vom Wunder, zumindest nicht von der Art Wunder, die in den weiteren seiner und der anderen Evangelisten Berichte begegnen – kein Heilungswunder, kein Brotwunder, sondern das Wunder des Lebens.

Notiert ist, dass eine Erscheinung – oder war es nur die Stimme ihrer Sehnsucht? – ein paar Landleute, die Geschichte hat daraus Hirten gemacht, in Gang gesetzt hatte. Sie wollten ein Kind in Bethlehem anschauen. Was sie wohl erwarteten? Ein weiteres Findelkind? Davon gab es ja hin und wieder welche. Lukas schweigt über die Erwartungen der Landleute. Es sind die Erwartungen kleiner Leute, die irgendwas gesehen, irgendwas gehört haben. Das Kind muss dann alle Erwartungen übertroffen haben. Nur dies scheint zu erklären, warum die Hirten nach dem Besuch am Ende der Nacht eben nicht wieder auf ihren Weideplatz zurückkehrten, sich hinlegten und verlorenen Schlaf nachholten.

Eine gesittete Rückkehr in den Alltag wäre erwartbar gewesen. So erwarten es ja die meisten Menschen heute noch von sich selbst nach den Weihnachtstagen, dass sie wieder eintauchen in die alltäglichen Pflichten, Orte, Gedanken. Doch die Hirten setzen andere Prioritäten. Sie gehen nicht heim; sie sprechen Leute an. Sie erzählen, wonach die Leute, wer auch immer sie waren, offenbar gar nicht gefragt hatten. Die Hirten erzählen von diesem Kind – einem von vielen, äußerlich betrachtet: »Und alle, die es hörten, wunderten sich über das, was ihnen von den Hirten gesagt wurde.« Was das wohl für eine Art von Verwunderung gewesen sein mag? Ein großes »Ah und Oh« oder eher ein distanziert-spöttisches »Also, bitte, ich muss mich doch sehr wundern ...«?

Tage später sollten sich Maria und Joseph über das, was sie da aus dem Mund des alten Simeon im Tempel hören wundern (Lukas 2,33). Jahre später wundern sich die Zuhörer, als der erwachsene Jesus aus der Schrift vorliest: das Jahr des Herrn. Und die Umstehenden hören staunend diese »Worte der Gnade«. So beschreibt es Lukas im vierten Kapitel seines Evangeliums (Lukas 4,22). Ebenso wundern sich jene, die Jesus auflauern, um einen Vorwurf gegen ihn zu finden, am besten wirft man ihm rebellische Handlungen oder auch aufwieglerische Gedanken vor. Sie wundern sich über Jesu Antwort auf ihre Fangfrage. Man solle Gott geben, was Gottes ist, dem Kaiser aber alles, was ihm zusteht (Lukas 20,26). Mehr eine empörte Verwunderung als ein begeistertes »Ah und Oh« bei den »Testfragern«, die man auf den erwachsenen Wanderprediger Jesus angesetzt hatte. Denn die rebellischen Gedanken sind damit noch nicht nachgewiesen.

Ein und dasselbe Wort von der Verwunderung in verschiedenen Geschichten. Und das sind noch nicht alle. Der Evangelist hörte wohl die feinen Unterschiede im Sich-Wundern der Menschen, die er beschrieb.

Die Geschichte, die dem Weihnachtsfest seine bunten Krippen, seine zweifelbehafteten Geschenke, himmelhoch steigende Hoffnungen und Gefühl, viel Gefühl, ermöglicht hat, bleibt eine Geschichte vom Wundern. Gerade darum wird sie nie ein Bericht voller objektiver Informationen. Darauf hat es Gottes Geheimnis nun wirklich nicht abgesehen. Hinter all diesen mal stilvollen, mal hilflosen, mal sentimentalen Verkleidungen einer Geburtsgeschichte liegt das Geheimnis: Gott wurde Mensch. Und dieser steile Gedanke lädt dazu ein, in die Geschichte von der Geburt des Kindes in Bethlehem das Geheimnis jedes Menschen hineinzulesen. Auf einzigartige Weise sind und bleiben wir Geborene.

Vielleicht ist dies das vorletzte Puzzleteil der Weihnachtsrealität, dass wohl in den Schattenspielen des Stalls jeder seinen eigenen Anfang finden kann.

Eines der in Deutschland und Europa meistakzeptierten Feste erzählt genau davon, wie sehr es Menschen anerkennen, wenn andere Menschen versuchen, menschlich zu werden. Manchmal hat dieser Versuch etwas von einem Kind. Die Bibel nennt es »Retter« – geboren als hilfloser Helfer. Aber dabei bleibt es ja nicht. Darum: alles auf Anfang.

Anmerkungen

Die Zitate stammen aus folgenden Titeln:

Lutherbibel, revidierter Text 1984, durchgesehene Ausgabe
in neuer Rechtschreibung, © 1999 Deutsche Bibelgesell-
schaft, Stuttgart
Kurt Marti, Das Markus-Evangelium ausgelegt für die Gemeinde, 2. Auflage 1985, Jordan-Verlag Zürich